马克思主义经典文本的当代解读与中国道路
丛书主编 吴晓明

《论犹太人问题》的
当代解读与中国道路

张双利 编著

A brief Introduction to On the Jewish Question

重庆出版集团 重庆出版社

图书在版编目(CIP)数据

《论犹太人问题》的当代解读和中国道路 / 张双利编著. -- 重庆 : 重庆出版社, 2024.4
ISBN 978-7-229-18573-2

Ⅰ.①论… Ⅱ.①张… Ⅲ.①马克思著作研究 Ⅳ.①A811.21

中国国家版本馆CIP数据核字(2024)第074163号

《论犹太人问题》的当代解读与中国道路
《LUN YOUTAIREN WENTI》DE DANGDAI JIEDU YU ZHONGGUO DAOLU
张双利　编著

责任编辑：陈　琦
责任校对：何建云
装帧设计：刘沂鑫

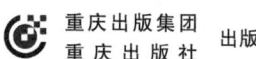 重庆出版集团
重庆出版社 出版

重庆市南岸区南滨路162号1幢　邮政编码：400061　http://www.cqph.com
重庆出版社艺术设计有限公司制版
重庆天旭印务有限责任公司印刷
重庆出版集团图书发行有限公司发行
E-MAIL:fxchu@cqph.com　邮购电话：023-61520678
全国新华书店经销

开本：889mm×1194mm　1/32　印张：5.875　字数：95千
2025年2月第1版　2025年2月第1次印刷
ISBN 978-7-229-18573-2
定价：38.00元

如有印装质量问题，请向本集团图书发行有限公司调换：023-61520678

版权所有　侵权必究

总序

吴晓明

当中国的历史性实践进入到新的历史方位时，"世界历史"正面临着百年未有之大变局。为了理解这一变局并把握住它的根本趋势，我们尤其需要以马克思主义的理论来作为思想武器和分析工具，以便能够真正深入到"世界历史"变局的本质之中。因为直到今天，没有一种学说像马克思的学说那样，如此深刻而透彻地洞穿了现代世界的本质并将其带入到"历史科学"的掌握之中。正如海德格尔所说：马克思在体会到异化的时候，是深入到历史的本质性的一度中去了，所以马克思主义关于历史的观点比其余的历史学优越。这种优越性首先在于它的基本方法，在于这种方法将本质性导回到社会——历史的现实之中，从而要求根据特定的社会条件和时代状况展开具体化的理论研究和思想探索。

为了理解和掌握这种方法，我们就必须进入到马克思主义的经典文本之中——这是一个尽管初步但却是绝对必要的环节。如果认为马克思主义从根本上诉诸"现实",因而就以为文本、原则或原理等乃是无关紧要的和可以忽忽的,那么,这从一开始就已经误入歧途了。须知"现实"并不是知觉能够直接给予我们的东西,并不是我们睁眼就能看到的;真正的"现实",按黑格尔的说法,是"本质与实存的统一",是"展开过程中的必然性"。既然"现实"包含着本质和必然性,那么,把握"现实"就是一种很高的理论要求,就需要有理论高度上的原则或原理。所谓"经典文本",就是最集中地体现原则或原理的文献。为了将马克思主义理论把握为强大的思想武器和锐利的分析工具,首先就必须通过经典文本的广泛阅读来学习马克思主义的原则或原理——舍此没有他途。我们正是为此目的而编选这套马克思主义经典文本解读系列的。

但是,马克思主义的理论绝不停留于抽象的原则或原理,也绝不意味着只是将抽象的原则或原理先验地强加给任何对象(外在反思)。对于马克思主义来说,它的基本方法最坚决地要求使原则或原理进入到全面的具体化之中。我们知道,黑格尔早就说过:没有抽象的真理,真理是具体的;一个哲学上的原则或原理,即使是真的,只要它仅仅是一个原则或原理,它就已经是假的了。我们同样知道,马克思在《〈政治经济学批判〉导言》中,将他的方法简要地概括为"从抽象到具体";而我们耳熟能详的一句名言说:"具体情况具体分析是马克思主义的活的灵魂。"在这样的意义上,辩证法就意味着:普遍的东西要摆脱它的抽象性而经历特定的具体化。对于黑格尔和马克思来说,这样的具体化主要有两个向度,即社会的向度和历史的向度;而这就意味着:抽象普遍的东西必须经过中介——根据特定的社会条件和特定的时代状况——来得到具体化。

举例来说,马克思主义的原则或原理乃是普遍的。但正如恩格斯所说,除非这样的原则或原理能够根据特定的社会条件和时代状况被具体化,否则它就会沦为"恶劣的教条",就会转变为"唯物史观的对立物"。而根据中国特定的社会条件和时代状况得到具体化的马克思主义,就是中国化时代化的马克思主义。事实上,与中国的历史性实践建立起本质联系的,不是抽象的马克思主义,而是中国化时代化的马克思主义。同样,在"世界历史"的基本处境中,现代化乃是普遍的。如《共产党宣言》所说,任何民族——如果它不想灭亡的话——都必然被卷入到现代化的进程之中,也就是说,现代化已成为每一个民族之普遍的历史性任务。但是,除非这样的普遍任务能够根据特定的社会条件和时代状况被具体化,否则,它就没有现实性可言，它就会遭遇到巨大的挫折和严重的困境。而根据中国特定的社会条件和时代状况得到具体化的现代化进程，就意味着中国式现代化，就意味着中国特色现代化道路的积极开启和现实展开。事实上，正是中国式现代化的历史性进程才使得中国的现代化开辟出立足于自身之上的发展道路，并取得了举世瞩目的伟大成就。由此可见，在这样一种具体化的理论进程和实践进程中，就像马克思主义必然要成为中国化时代化的马克思主义一样，中国的现代化实践也必然要成为中国式的现代化。

我们的这套解读系列之所以加上"当代解读与中国道路"的标识，就是试图积极地提示马克思主义的基本方法，提示这一方法从根本上来说的具体化承诺。毫无疑问，任何一种经典文本的解读，首先要求对原著的基本理解，要求掌握它的原则或原理。同样毫无疑问，马克思主义经典文本的解读还要求原则或原理的具体化——根据特定的社会条件和时代状况而来的具体化。如果这个解读系列的尝试能够帮助读者更加全面地阅读和理解经典作家的原著，那么，我们的目的就基本达到了；如果这一尝试还能够使读者在理解原著的基础上牢记具体化的必要性并学会掌握它，那么，马克思主义的基本方法就会真正成为我们的研究指南和分析利器。凭借着这样的指南和利器，我们不仅能够更加深入地思考中国道路的本质与必然性，而且能够更加积极地回应"世界历史"变局中正在出现的重大问题与严峻挑战。

我们由衷地感谢为这套解读系列付出辛勤劳动的诸多学者和整个出版社团队，我们也真诚地希望读者们能够从中得到思想理论上的有益启示和多重收获。

2023年冬初于复旦大学

目 录

总序 /1

原著解读 /1

一、写作背景 /3

(一) 落后的德国与"反犹主义" /4

(二) 激进的宗教批判与"人的解放" /10

(三) 对黑格尔法哲学和青年黑格尔派的双重批判 /23

二、核心内容 /35

(一) "犹太人问题"的实质 /36

(二) 现代国家批判 /42

(三) 市民社会批判 /59

(四) 人的解放 /67

三、理论贡献 /73

　　(一)《论犹太人问题》在马克思主义哲学发展史上的地位 /73

　　(二)《论犹太人问题》在犹太人问题研究史上的地位 /83

四、现实意义 /93

　　(一)对现代政治的批判性分析 /94

　　(二)对资本主义的宗教性质的批判 /100

　　(三)对犹太人问题的现实根源和解决道路的分析 /106

　　(四)对探讨中国现代化道路的启示 /114

原著选读 /127

一　布鲁诺·鲍威尔:《犹太人问题》1843年不伦瑞克版 /130

二　布鲁诺·鲍威尔:《现代犹太人和基督徒获得自由的能力》 /164

《论犹太人问题》的
当代解读与中国道路

原著解读

A BRIEF
INTRODUCTION TO
ON THE JEWISH
QUESTION

一、写作背景

《论犹太人问题》是马克思早期最为重要的政治著作之一，该文写作于1843—1844年，1844年在《德法年鉴》上发表，是马克思对青年黑格尔派的重要代表人物布鲁诺·鲍威尔1843年发表的两篇与"反犹主义"问题相关的文章①的直接批判。该文与同样发表于《德法年鉴》的《〈黑格尔法哲学批判〉导言》和1844年8月发表于《前进报》上的《评一个普鲁士人的〈普鲁士王和社会改革〉一文》并列为马克思早期的三篇最重要政治文献。该文的写作背景主要有三个方面：一是落后的德国社会以及"反犹主义"的现实；二是激进的宗教批判及人的解放的立

---

① 这两篇文章分别是：《犹太人问题》，1843年不伦瑞克版；《现代犹太人和基督徒获得自由的能力》，格奥尔格·海尔维格1843年在苏黎世—温特图尔出版的《来自瑞士的二十一印张》，第56—71页。

场；三是马克思对黑格尔法哲学和青年黑格尔派的双重批判。

（一）落后的德国与"反犹主义"

鲍威尔在1843年接连发表了《犹太人问题》和《现代犹太人和基督徒获得自由的能力》，两篇文章都是对当时在德国社会已经出现的"反犹主义"问题的直接回应。这足以说明，"反犹主义"问题在当时的德国社会已经成为一个必须被认真对待的政治现实和理论问题。之所以如此，主要有两方面的原因：从政治现实的角度看是德国在政治上的落后；从思想渊源的角度看是黑格尔哲学与"犹太人问题"之间的内在相关性。

1. 德国落后的政治现实

关于德国落后的政治现实，马克思在《〈黑格尔法哲学批判〉导言》中明确断定："如果想从德国的现状本身出发，即使采取唯一适当的方式，就是说采取否定的方式，结果依然是时代错乱。即使对我国当代政治状况的否定，也已经是现代各国的历史废旧物品堆藏室中布满灰尘

原著
解读

的史实。……即使我否定了1843年的德国制度,但是按照法国的纪年,我也不会处在1789年,更不会处在当代的焦点。"①这就是说,与莱茵河彼岸的法国相比,德国的政治远远落后。德国在政治上的落后有两重内涵:一是指德国没有发生政治革命,尚且没有现代政治;二是指德国在拿破仑战败之后出现了一系列的反动倾向,这些反动倾向致使德国社会出现了明显倒退。这两重内涵都与"反犹主义"直接相关。

我们先来看政治革命和"反犹主义"的关系。政治革命带来的是政治国家和市民社会的分离。落实到宗教问题上,政治革命一方面意味着政教分离,政治国家摆脱与宗教和教会之间的直接关系,获得相对于宗教的解放;另一方面它也意味着把宗教下放到市民社会的领域,宗教成为市民社会中现代个体的私人信仰。经由政治革命,宗教将不再是国家对某个特定宗教群体进行压迫和排斥的理由。落实到犹太人身上,这意味着在实现了政治革命的国家,犹太人不会因为信仰犹太教而继续被压迫,现代国家将赋予其同等的公民地位。当时的德国是尚未进行政治革命的

---

① 《马克思恩格斯全集》第3卷,人民出版社2002年中文第2版,第200—201页。

德国，普鲁士王国依然是政教合一的基督教国家。在以基督教为国教的普鲁士王国，"反犹主义"的现实一直存在，犹太人不享有与基督徒同样的公民权利。马克思本人的家族就是一个实例：马克思是犹太人，其祖父是犹太教的拉比，在"反犹主义"的现实背景之下，马克思的父亲改信基督新教，以换取与基督徒同等的公民地位。

我们再来看拿破仑战败后反动势力的兴起与"反犹主义"的关系。犹太人在普鲁士的地位曾经有过一段时间的改善，这主要是由于法国大革命和拿破仑军队对德国的占领。法国大革命后，普鲁士参加了反法同盟，但败于法军，被迫在1795年同意法国兼并莱茵河以西的普鲁士领土。腓特烈·威廉三世于1806年10月再次参加反法战争，随即在耶拿败于拿破仑。1807年普鲁士和法国缔结和约，普鲁士割让16万平方公里土地，包括普属波兰的绝大部分领土，以及易北河以西的全部领土，并赔款1.3亿法郎。在普法战争失败之后，普鲁士发生了一系列的变化，这些变化不仅致使犹太人的地位暂时得到了改善，而且使以爱德华·甘斯（Eduard Gans）为代表的犹太知识分子对犹太人的解放充满了希望。这些变化首先是指，在被法国军队占领的地区犹太人地位得到了改善，生长于这些地区的一批知识分子深受法国大革命进步精神的影响，坚信自由、平等的理念。这种积极的变化并不仅仅局限在法国军队占领的地区，在整个普鲁士都出现了进步的倾向。在1806年惨败后，普鲁士首相卡尔·施泰因开始推行改革，其措施包括让公民参与政治、释放农奴、实行地方自治、改组中央政府机构等。在这一大背景之下，普鲁士政府出台了一系列进步法令，其中就包括1812年颁布的《犹太人解放令》[①]，这些进步法令支撑起了进步的犹太知识分子对犹太人解放的信心。

但随着拿破仑的战败，这些进步的发展倾向被中断，普鲁士出现了一系列的反动。1812年冬，拿破仑军队自俄国败退，普鲁士于次年再度参加反法同盟，于1813年3月17日对法国宣战，10月24日，普、奥、俄三国联军在布吕歇尔和格奈森瑙指挥下在莱比锡大败法军。1815年普军在滑铁卢再度击败法军。在此背景之下，原本已经颁布的一系列进步法令被相继取消，普鲁士政府陆续出台一系列反动政策，德国范围内各种反动的力量不断壮大，"反犹

---

① 普鲁士政府1812年颁布了《犹太人解放令》，赋予犹太人以公民地位，承认犹太人宗教信仰自由的权利。但犹太人在大学受教育、在政府机关任职、在大学担任教职等还继续受到限制。

主义"的势力再度加强。关于"反犹主义"倾向的加强，1822年的"甘斯法令"（Lex Gans）是个鲜明例证。甘斯同时兼具双重身份：一方面，他是卓越的法学家和政治哲学家，深受黑格尔器重；另一方面，他是进步犹太知识分子的代表，是"犹太人文化与科学协会"①的创立者和负责人。为了彻底阻止身为犹太人的甘斯谋得柏林大学的教职，威廉三世颁布了一道专门的内阁指令来回应甘斯的境遇，即所谓的"甘斯法令"（Lex Gans）。该指令消解了1812年《犹太人解放令》的含混之处，明确禁止犹太人在大学执教。在此背景之下，为了获得教职，甘斯于1825年被迫改信基督教。

2. 黑格尔哲学与犹太人问题之间的内在相关性

1820年以后，犹太人问题之所以成为德国知识分子们

---

① 以甘斯为代表的一批年轻的犹太知识分子1821年在柏林成立了"犹太人文化与科学协会"，甘斯担任会长。该协会致力于对犹太人的历史和文化进行科学研究，这种科学研究既区别于基督教对犹太文化的歪曲，也不同于正统的犹太教对犹太文化的保守主义解读。通过此种科学研究，协会的根本宗旨在于推进犹太教的现代化，在每个现代犹太人身上实现犹太身份和欧洲人身份（现代国家公民身份）的统一。协会的这一根本宗旨明确地体现在甘斯的两次会长演讲中：第一次，1821年10月28日，演讲题目《犹太人身份与德国人身份之间的和解》；第二次，1822年4月28日，演讲题目《今天的欧洲是什么？犹太人又是什么？》。

普遍关心的问题,还因为它与黑格尔哲学内在相关。概括地说,从黑格尔的哲学立场出发,我们会得出两种不同的对待犹太人问题的态度:从黑格尔的法哲学出发,我们将主张赋予犹太人以平等的公民地位;从黑格尔的历史哲学出发,我们将指认犹太人在现代世界依然信仰犹太教是不合理的。一方面,根据黑格尔的法哲学,现代世界以自由(自我规定)为原则,该原则在现代伦理的三大领域,即家庭、市民社会和国家,借助一系列的机制得到具体实现。在市民社会,国家通过司法确保每一位成员的平等地位和自由权利。落实到信仰犹太教的犹太人身上,这意味着承认犹太人平等的公民身份。正因为黑格尔法哲学有如此内涵,甘斯等一批犹太知识分子才会信守黑格尔哲学,积极思考和践行犹太人解放的道路。另一方面,根据黑格尔的历史哲学,历史是世界精神自我发展的过程,历史上曾经存在的古埃及宗教、希腊宗教和罗马宗教都只是世界历史已经经过的环节,它们已经分别被更加理性的宗教所扬弃,并最终被理性宗教——基督教所扬弃。犹太教在根本上也只是这样一个已被基督教所扬弃的环节,因此现代人信仰犹太教在根本上不合乎理性。虽然黑格尔本人晚年在甘斯的直接影响下改变了对待犹太人的态度,他从早年的"反犹主义"的立场改为主张赋予犹太人以平等地位，但他的历史哲学的确蕴含着这种"反犹主义"的立场。正因为黑格尔哲学本身蕴含着这样的内在张力，黑格尔主义者们在对待犹太人问题的立场上明确地分为三条道路：保守派力图把黑格尔的法哲学与落后的普鲁士制度相协调，在对待犹太人问题上没有开明立场；甘斯、海涅等一批犹太知识分子持中庸之道，他们一方面坚守黑格尔法哲学的基本立场和革命精神，另一方面又自觉对其历史哲学进行重新阐释，以解决犹太人身份与现代人公民身份之间的统一问题；鲍威尔等青年黑格尔主义者持激进的民主革命立场，他们站在自我意识哲学的高度，坚守彻底的宗教批判立场，既反对落后的普鲁士国家，又要求犹太人彻底放弃对犹太教的信仰。

（二）激进的宗教批判与"人的解放"

从理论背景看，马克思的《论犹太人问题》是对以鲍威尔为代表的青年黑格尔派的宗教批判道路的直接批判。马克思早年受到了以鲍威尔为代表的青年黑格尔派的宗教批判思想的影响，这一影响一直持续到《德法年鉴》时期。从发表于《德法年鉴》上的两篇文章开始（即《论犹太人问题》和《〈黑格尔法哲学批判〉导言》），马克思开始自觉地对这条宗教批判的道路进行反思和批判，逐渐拉开了与青年黑格尔派之间的距离。

针对"反犹主义"势力在普鲁士的再度抬头和德国社会中关于犹太人问题的激烈争论，鲍威尔陆续发表了《犹太人问题》和《现代犹太人和基督徒获得自由的能力》。在这两篇文章中，鲍威尔从宗教批判的立场出发对犹太人问题进行了具体分析，他从宗教批判的角度断定犹太人问题的根本是宗教的统治，并分别对犹太教和基督教国家进行了深入批判。在此基础之上，鲍威尔进一步指出解决犹太人问题的唯一道路是彻底的宗教批判，即普遍的人的解放。①

首先是对犹太教和犹太民族精神的批判。关于犹太人的民族精神，鲍威尔断定犹太人在根本上是一个反历史的

---

① 参见 Bruno Bauer, "The Jewish Problem", trans. Helen Lederer, in *Readings in Modern Jewish History*, ed. Ellis Rivkin, Hebrew Union College-Jewish Institute of Religion, Cincinnati, Ohio, 1958, pp.3-127；[德]布鲁诺·鲍威尔，《现代犹太人和基督徒获得自由的能力》，李彬彬译，《现代哲学》2013年第6期，第15—22页。

民族。鲍威尔首先承认，犹太民族精神中存在着不一致的地方：犹太人一方面信守摩西律法，强调自己的特殊性和被拣选性；另一方面他们在历史上也提出了一些符合历史进步、超越特殊性立场的观念。例如，《旧约》中有关于上帝将同时解救包括犹太人在内的所有人的观念。之所以会有后面这种更高的观念，是因为它是历史进步的要求。鲍威尔进一步指出，虽然在犹太人的民族精神中有这种不一致性，但其民族精神的主导倾向是反历史、反进步的。在犹太人的历史中，真正被坚守的是其对特殊性和被拣选性的强调，那些更加符合历史发展要求的普遍性观念都遭到了排斥和反对。

  为了进一步说明犹太民族精神的根源，鲍威尔接着又对犹太教，尤其是犹太律法进行了批判。关于犹太律法，鲍威尔主要强调了它的四大特征：第一，它是被给定的、无法被人理解的。犹太人盲目服从这种被外在强加的律法，说明犹太人在本性上是不自由的、是奴性的。第二，它在具体内容上是任意的，涉及具体生活中的很多微不足道的细节。犹太人受制于这种任意的律法，只关心具体生活中琐碎的小事，没有普遍的情怀，不能在科学和艺术等领域做出杰出贡献。第三，它在主导原则上强调犹太人的特殊性，主张只有犹太人才是上帝的选民，犹太民族才是真正的民族。囿于如此的律法，犹太人在根本上不承认其他民族，不承认其他民族有存在的权利。第四，它与国家在根本上是对立的。犹太律法强调犹太民族是唯一真正的民族，因此它与众多民族共同存在的现实无法相融。犹太律法并非起源于实际的共同体生活，其内容无法在任何一个民族的实际的共同体生活中得以落实。犹太民族在根本上是非政治性的民族，注定没有自己的主权国家。

以对犹太律法的批判为基础，鲍威尔进一步断定，流亡的犹太民族注定无法成为所在国家的好公民。一方面，犹太人依然固执地坚守犹太律法，这些律法在内容上早已没有任何意义，它们只会进一步加深犹太人与其他民族之间的隔阂；另一方面，犹太人通过信守犹太律法而盼望着上帝的救赎，他们因此无法全身心地投入政治共同体的生活，无法真正相信其他民族的事业。

其次是对基督教和基督教国家的批判。落实到犹太人问题，这一批判主要集中在两个问题上：一是，基督教为什么会敌视犹太教？二是，在基督教国家中犹太人为什么会处于被排斥和压迫的地位？关于基督教为什么会敌视犹太教，鲍威尔指出这是因为基督教乃是对犹太教的完成。

该论断主要有四个层次的内涵：第一，对政治民族共同体的不信任。犹太教认为犹太民族是唯一被拣选的民族，对所有其他民族及其民族共同体的生存条件持不信任态度。基督教则更进一步，基督教产生于人们对政治现实的极度绝望，它把这种对政治共同体的不信任发展到了极致。基督教共同体要求每一位成员都彻底切断其与共同体成员之间的伦理和政治关系。第二，特殊性和排斥的原则。犹太教是以特殊性和排斥他者为原则的宗教。基督教在这一点上也更进了一步，把特殊性和排斥的原则发展得很充分。在犹太教那里，只是对其他民族的排斥，在基督教这里则是对所有民族共同体的排斥。第三，分离的原则。由于犹太律法与民族共同体的原则相互对立，所以犹太人实际上都是相互分离的原子。他们之所以能够生活在一起，完全在于有对他们进行统治的更高统治者。基督教把这个分离的原则推进到了极端，基督徒所真正关注的只是他们本人究竟是否被拣选。正因为基督徒被分离的原则所规定，他们与犹太教徒一样，都无法有普遍性的情怀，无法真正献身于科学和艺术事业。第四，宗教的立场。在犹太教那里，宗教是首要的立场，对人的普遍性的承认只是附属和次要的。基督教则是对该宗教的立场的继续，从宗教的立场出发，面对着基督教国家中的犹太人，它首先考虑的只是你是否是同样信仰基督教的基督徒，不是你是否是具有平等地位的人。鲍威尔强调，正因为基督教是对犹太教的完成，尤其是对于它的特殊性原则和宗教立场的继续，基督教必然对犹太教采取敌对的态度。

关于犹太人在基督教国家中的地位。鲍威尔断定犹太人在基督教国家中注定无法获得平等的公民的地位，他们至多只能是一个具有信仰的特权的行会。首先，什么是基督教国家？鲍威尔指出基督教国家是以国家的形式对"福音书精神"的实现。所谓的"福音书精神"，是指彻底远离国家的世俗事务。换言之，基督教国家就是以国家的形式来实现基督教所代表的非国家的精神。其次，基督教国家有哪些基本要素？鲍威尔指出基督教国家主要由四方面的要素构成：一是通过信仰耶稣基督而获得重生的民众，他们在精神上已经不再认同实际的政治和伦理关系，不再关注国家事务，只是可被别人当作财产来加以管理和统治的民众。二是统治者，统治者并非来自民众，相对于民众来说是纯粹的他者，由上帝派来统治一方民众。三是法律，法律不是来自于民众的立法，而是来自于启示。也就是说，法律与民众之间也是纯粹的异化的关系。四是作为中间要素的贵族和官僚，他们代表统治性的权力，是一个享有特权的阶级。关于具有非国家性质的被统治的民众（mass of non-nation），鲍威尔进一步指出他们又分属于一个个以特殊利益为原则的行会，行会使这些被统治的民众永远都无法达到普遍性的高度。最后，在这样的基督教国家里，犹太人的地位究竟是怎样的？鲍威尔指出，正像犹太教根本不会把人本身作为首要原则一样，基督教国家也不会把人的普遍性作为首要原则。基督教国家只知道权力和等级秩序，它的统治原则是特权，基督教国家有权力赋予不同的群体以特权，其中最首要的是信仰的特权。它赋予基督徒以信仰的特权，这就意味着基督徒可以从信仰的角度对基督教国家中的犹太人进行排斥。犹太人在基督教国家中至多只能是一个具有信仰犹太教的特权的特殊群体或行会。

再次是对普鲁士犹太人的实际地位情况的交代。鲍威尔断定犹太人在具有基督教国家性质的普鲁士必然处于被排斥的地位。在此基础之上，他在《犹太人问题》中还特别提到了两个新的发展趋势。第一个趋势是反动和复辟（restoration），即在拿破仑战败之后，普鲁士政府在犹太人的问题上有明显倒退，"反犹主义"的倾向再度加强。在拿破仑军队占领德国的直接背景之下,在被法国军队占领的地区已经出现了明确的让步(concession),这些地区颁布进步法令,承诺赋予犹太人以充分的公民权利。鲍威尔指出,之所以会出现这样的明显让步,是因为具有基督教性质的普鲁士国家已经开始解体,由普鲁士国家所确保的特权也在某些方面被超越。随着拿破仑的兵败,德国开始出现反动潮流,进步的法令被取消,反犹主义的思潮再度泛滥。鲍威尔强调指出,如此的复辟必然出现,因为之前的解放的道路存在根本性的错误。第二个趋势是差异和变化。差异指在理论上我们可以理解基督教国家中的犹太人没有政治权利,但在实践中我们看到的却是犹太人在欧洲的各个国家中都具有强大的权力和实际的政治影响力。理论与实践之间之所以会有这样的明显差异,是因为社会现实正在发生着重要变化。当前的社会现实中一方面有基督教国家和旧社会制度,在旧制度之下很多行会都排斥犹太人,拒绝接纳犹太人;另一方面也有正在兴起的新运动,即正在发展起来的现代工业及其对封建行会的超越。鲍威尔指出,这一新的运动以及犹太人在此背景下所获得的实际权力都表明,基督教国家无法抵挡历史的发展趋势,目前已经有了解体的迹象。

在这一复杂的现实背景之下，关于犹太人问题在当时的德国主要存在着两种主流的立场：保守派的"反犹主义"立场和开明犹太知识分子的"犹太人的解放"立场。保守派站在基督教国家的立场上主张对犹太人进行排斥，反对赋予犹太人以与基督徒同等的公民地位。鲍威尔明确反对这一立场，他通过对基督教国家的批判指出，这一立场归根结底是宗教的立场，其根本原则是特权，尚未达到理性普遍性的高度。作为对政府的"反犹主义"政策的应对，当时有大批的犹太人选择改信基督教，以谋取与基督徒同等的公民身份。鲍威尔对这些犹太人所选择的"同化"的道路同样进行了批判。他指出基督教虽然是高于犹太教的宗教，但今天的这个时代已经不是基督教的时代，而是基督教正在解体的时代。因此，解决问题的道路不在于改信基督教，而在于把宗教批判的道路进行到底。

至于"犹太人的解放"立场，开明犹太知识分子一方面主张对犹太教本身进行现代化，另一方面又同时要求现代国家赋予犹太人以平等的公民地位。对犹太教进行现代化的核心是对犹太律法进行批判，对其中所包含的政治性和宗教性的内容进行区分，保留其宗教性的内容，放弃其政治性的内容，因为这些政治性的内容已经与现代社会的要求在根本上不相一致。针对开明犹太知识分子所主张的这条犹太人解放道路，鲍威尔反复强调，这条道路存在着双重错误。一方面，它对犹太教缺乏真正的批判，没有认识到犹太教在根本上是以特权为原则的宗教。我们只有通过彻底超越它才能达到现代的高度，而不能对犹太教本身进行现代化；另一方面，它对具有基督教性质的普鲁士国家缺乏真正的批判，没有认识到基督教国家的立场依然是宗教的立场，根本原则依然是特权，因而基督教根本不可能站在普遍性的高度上对犹太人进行解放。

概括地说，前一种立场的核心是"反犹主义"，出于对这种反犹主义立场的屈从，很多犹太人选择了通过改信基督教来实现同化；后一种立场的核心是"犹太人的解放"，它致力于实现犹太人身份与公民身份之间的和解。如果说以改信基督教的方式来实现同化，是保守主义的同化道路，那么被启蒙了的开明犹太知识分子所主张的则是一条中庸式的同化道路。鲍威尔同时反对这两种方式的同化，他坚持只能走激进的同化道路，即必须达到对宗教的彻底批判。

最后，是对解决问题的道路的正面阐述。鲍威尔在《犹太人问题》和《现代犹太人和基督徒获得自由的权利》

中，分别从两个不同的角度正面阐述了解决问题的道路。在《犹太人问题》中，鲍威尔主要强调解决问题的道路不是犹太人的解放，而是普遍的人的解放。鲍威尔指出，如果要指出开明犹太知识分子在犹太人解放问题上的错误，我们就必须重新界定解放的内涵。首先，解放并不仅仅是犹太人这个群体的解放，而是普遍的人的解放。也就是说，不仅是犹太人需要被从宗教的束缚之下解放出来，基督教国家的基督徒也同样需要被从基督教的束缚下解放出来。其次，这种普遍的解放同时具有扬弃基督教国家和扬弃宗教的双重内涵。一方面是彻底变革具有基督教性质的普鲁士国家，实现以自由为原则的现代国家；另一方面是通过批判来扬弃宗教，使受制于特殊性原则的宗教信徒上升为以普遍性为原则的理性公民。再次，解放意味着对于现代政治的真正实现。取代犹太教和基督教的反民族、反政治立场的是真实的政治共同体，以及政治共同体中自由公民对于普遍的政治事务的真正参与。用鲍威尔的话来说，这意味着现实的民族和现实的人（real nations and real humans）。最后，这一解放的根本原则是自由和人性。

在《现代犹太人和基督徒获得自由的权利》中，鲍威尔主要强调解决问题的道路不在于停留于基督教的水平，而在于对以基督教为最高环节的宗教本身进行彻底的批判。鲍威尔从黑格尔哲学的基本立场出发，指出历史以自由的实现为目的。在历史追求实现自由的过程中，是启蒙精神在推动着历史的发展。在启蒙精神的推动之下，历史上有了从犹太教到基督教再到宗教的解体这三大环节的发展。从犹太教和基督教产生的角度看，它们分别都是在启蒙精神的推动之下才得以产生的。启蒙精神意味着超越民族的特殊性和狭隘性，达到人的普遍性。在犹太教那里，这种启蒙精神被以宗教的形式实现。作为这种宗教的形式的结果，犹太教否定了其他各民族存在的权利，认为犹太民族是唯一真正的民族。内在于犹太教中的启蒙精神最终带来了对犹太教的否定，并以基督教的方式被再度实现。基督教在否定犹太人对其民族特殊性时声称，取消所有的民族关系和国家关系，声称在上帝面前所有人都是自由和平等的。由于基督教也只是以宗教的形式来实现启蒙，它最终导致了宗教的对立。基督教一方面要否定民族和等级的差异、否定特权、否定罪恶，实现自由和平等；另一方面又只是以幻想的方式来实现这一切，最终它不能真正消灭它想要否定的东西，只能听任其持续存在。如此，基督教就陷入了自我对立。在此背景之下，在基督教的领域内产生了彻底的宗教批判。宗教批判是对启蒙精神的践行，对内在于宗教中的对立的解决，对自我意识的实现。它带来的是对基督教这一充分发展了的宗教的斗争，是基督教的解体和自由的实现。今天我们要真正解决基督教国家中的"犹太人问题"，既不能走同化的道路（改信基督教），也不能走和解的道路（保留犹太人的身份），只能走彻底的宗教批判的道路。彻底的宗教批判带来的是普遍的人的解放。

概括地说，在理论上，鲍威尔认为犹太人问题的根本是宗教问题，解决问题的唯一道路是彻底的宗教批判。在实践上，宗教批判道路的政治内涵是激进民主主义，它要求变革落后的普鲁士制度，实现现代理性国家。落实到对犹太人这个特殊群体的公民身份问题的解决，鲍威尔既反对保守主义的同化道路（犹太人改信基督教），也反对中庸式的同化道路（犹太人身份和公民身份同时共存），他要求犹太人放弃犹太教，参与宗教批判的事业，在理性国家中做有自我意识、高度理性的公民。虽然鲍威尔本人称这条彻底的宗教批判道路为普遍的人的解放的道路，但是马克思断定其在根本上只是政治解放的道路。

（三）对黑格尔法哲学和青年黑格尔派的双重批判

1. 马克思本人的思想发展

《论犹太人问题》的最直接写作背景是马克思本人当时的思想发展状况。从马克思的思想发展历程看，此时的马克思正处在一个关键的思想转型期，他一方面依然受到黑格尔哲学和青年黑格尔派的宗教批判思想的深刻影响，另一方面已经从现实问题出发开始重新思考现代政治的真实内涵，并在此基础之上开始对黑格尔法哲学和青年黑格尔派的宗教批判思想进行批判。简要地说，马克思的思想大致经历了三个发展阶段：第一步，在柏林大学求学期间，马克思受到了以鲍威尔为代表的青年黑格尔派宗教批判思想的强烈影响，并通过青年黑格尔派而接受了黑格尔关于现代世界思想和现代国家的一些基本观点。换言之，此时的马克思一方面对落后的普鲁士制度持激进的批判态度，另一方面又把现代国家看作是解决问题的真正场所。第二步，在《莱茵报》时期，马克思的这一立场受到了来自现实和理论的双重挑战。在现实中，马克思遇到了"物质利益"的难题；在理论上，马克思遇到了该如何评价法国社会主义思潮（主张消灭私有财产制度）的问题。①第三步，在克罗兹那赫时期，马克思为了回答在《莱茵报》时期遇到的这一双重挑战，开始认真阅读关于法国大革命和美国社会的著作，并在此基础上重新对黑格尔法哲学进行研究，撰写了《黑格尔法哲学批判》。通过对黑格尔法哲学的批判，马克思认识到抽象的现代国家不是解决社会问题的真正场所，并开始对政治解放的局限性进行思考。《论犹太人问题》的写作开始于1843年，此时的马克思刚刚完成《黑格尔法哲学批判》的草稿，留下了大量的关于法国大革命研究的笔记，阅读了托克维尔、博蒙和汉密尔

---

① 参见马克思《〈政治经济学批判〉序言》："1842—1843年间，我作为《莱茵报》的编辑，第一次遇到要对所谓物质利益发表意见的难事。莱茵省议会关于林木盗窃和地产析分的讨论，当时的莱茵省总督冯·沙培尔先生就摩塞尔农民状况同《莱茵报》展开的官方论战，最后，关于自由贸易和保护关税的辩论，是促使我去研究经济问题的最初动因。另一方面，在善良的'前进'愿望大大超过实际知识的当时，在《莱茵报》上可以听到法国社会主义和共产主义的带着微弱哲学色彩的回声。我曾表示反对这种肤浅言论，但是同时在和《奥格斯堡总汇报》的一次争论中坦率承认，我以往的研究还不容许我对法兰西思潮的内容本身妄加评判。……为了解决使我苦恼的疑问，我写的第一部著作是对黑格尔法哲学的批判性的分析，这部著作的导言曾发表在1844年巴黎出版的《德法年鉴》上。"《马克思恩格斯选集》第2卷，人民出版社2012年中文第2版，第1—2页。

顿关于美国社会的著作。① 所有这些都表明，马克思此时是自觉地站在整个现代世界的高度上来把握现代国家的本质特征，思考政治解放的局限性，探讨超越政治解放的另一条道路。

2. 对黑格尔法哲学的批判

简要地说，马克思通过对黑格尔法哲学的批判主要得出了以下四重论断。②

（1）对黑格尔法哲学的重要贡献的界定。

马克思指出，黑格尔法哲学是关于法国大革命的哲学，其卓越贡献在于准确地把握住了现代世界的根本性难题，即国家与家庭、市民社会之间的关系问题。黑格尔断定，现代世界中存在着市民社会和国家之间的分离与对立，市民社会以特殊性为原则，国家以普遍性为原则。一方面，市民社会是现代世界最伟大的成就，它使主观自由的原则得到实现；另一方面，市民社会与国家之间的分离和对立关系又是必须被解决的问题，因为市民社会无法自我维系，没有国家对于市民社会的统摄（支撑、干预和引

---

① 参见《马克思早期政治著作选》英文版导言，《剑桥政治思想史原著系列（影印本）》，中国政法大学出版社2003年版，第Ⅷ页和第Ⅹ页。
② 这一部分内容的具体论证可参见拙作：《再论马克思对黑格尔法哲学的批判》，《哲学研究》2016年6月。

领),市民社会将导致极端的贫富分化和普遍的自我异化,将使我们的共同体生活走向瓦解。正是基于这一洞见,黑格尔的法哲学以国家与家庭同市民社会之间的关系问题为核心,力图找到一条超越国家与市民社会之间的对立的道路。

(2) 对黑格尔法哲学的局限性的判断。

马克思认为,黑格尔虽然准确地把握住了问题,但却没能给出解决问题的方法。为了克服国家与社会之间分离和对立,黑格尔在法哲学中对现代国家和市民社会之间的关系进行了三环节式的界定:从国家到市民社会再到国家。首先,国家是本质和基础;其次,国家让以特殊性为原则的市民社会得到充分发展;最后,在市民社会充分发展的条件下,市民社会中的市民可以通过教养上升到普遍性的高度,成为自觉的公民,公认国家为最高目的。换言之,国家是市民社会的目的。经由三环节的发展,国家与市民社会一方面相互分离,另一方面又内在统一,即国家实现了普遍性与特殊性的统一。马克思在《黑格尔法哲学批判》中分两步对黑格尔所给出的这条道路进行了批判:第一步是从总体上进行批判,指出黑格尔的这个三环节式的理论无现实根据,在根本上是一种"逻辑的、泛神论的神秘主义"[①]；第二步是对黑格尔所说的现代国家的三个环节（王权、行政权和立法权）进行具体批判，指出国家根本无法解决普遍性与特殊性之间的对立，不是解决问题的真正场所。

（3）对黑格尔法哲学的思辨哲学性质的指认。

在对黑格尔的国家哲学进行总体性批判时，马克思指出，黑格尔之所以能够构建出上述这种三环节式的关系，是因为他借助于神秘主义，即观念的神秘的运动。这种神秘主义主要体现为两个方向的运动：首先是从国家到家庭和市民社会的运动，其次是从市民社会再向国家的过渡。在第一个方向的运动上，其神秘性在于，这里不是直接从家庭和市民社会的现实出发，而是把它们看作源自于那更加根本的规定——精神。之所以要这样做，是为了在下一步能够把家庭和市民社会再纳入到精神中去；在第二个方向的运动上，其神秘性就在于，这里根本没有涉及从家庭和市民社会向国家的真实过渡，而是把这个真实过渡的问题转变成了从必然性向自由的过渡。通过对这两个方向的运动的依次批判，马克思直接拒绝了黑格尔所给出的解决

---

① 《马克思恩格斯全集》第3卷,人民出版社2002年中文第2版,第10页。

问题的道路,摆在我们面前的依然是市民社会与国家之间的对立。

(4)对黑格尔法哲学在解决现实问题方面无力性的具体分析。

在对黑格尔的国家哲学进行具体批判时,马克思指出现代国家的三个环节(王权、行政权和立法权)各自具有内在缺陷,根本无力守住现代国家的普遍性,更无法实现普遍性和特殊性的统一。关于王权,马克思指出黑格尔关于王权的思想在政治实践上意味着君主立宪制。马克思同意黑格尔的判断,认为君主立宪制是一种现代政治制度。但马克思进一步指出,它只能带来政治国家与市民社会的分离以及政治国家对市民社会的统治。这意味着政治国家作为人民所制造出来的一种特殊力量反过来对人民进行统治。因此,在这里既没有真正的普遍性,也没有理性自由的实现。关于行政权,马克思指出黑格尔之所以高度重视行政权,把它设定为沟通市民社会和国家的中介,是因为他看到了市民社会与国家之间的分离。但马克思又进一步指出,该行政权思想在实践上会被落实为官僚政治,官僚政治只是对抽象的现代国家的实际表达。作为一个封闭的体系,它一方面会带来市民社会与现代国家的彻底分离,使市民社会中的个人与国家事务彻底绝缘；另一方面，它在与市民社会彻底分离的前提下，自身又无力守住国家的普遍性，最终只能使政治生活沦为彻底无内容的、空洞的形式主义。关于立法权，马克思指出黑格尔一方面认为立法权本身内部包含着三个环节，即君主权、行政权和等级要素；另一方面又特别看重等级要素的环节，因为等级要素能在政府和人民之间起到至关重要的中介作用。马克思紧紧抓住等级要素的中介作用这一核心观点，指出黑格尔在这里实际上是想用等级制来解决现代政治的特有难题，实现现代国家与市民社会之间的内在统一。关于该等级制思想的实践意义，马克思主要指出了两个方面：第一，从总体上看，黑格尔明确反对代议制，主张等级制，这是想用复旧的办法来解决现代政治的特有难题。第二，这种等级制思想一旦落到实处，只能带来从现代政治向前现代政治，或从现代国家向市民社会的倒退。

在这四重论断的支撑之下，马克思的理论立场发生了重要变化。其立场已经不再是理性自由主义，即站在政治解放的高度以宗教批判的方式对落后的普鲁士制度进行批判，而是已经开始对政治解放本身的局限性进行批判。

3. 对青年黑格尔派的批判

《德法年鉴》上发表的两篇文章代表着马克思思想的进一步发展。在主题内容上，它们是对《黑格尔法哲学批判》的直接承续，是对政治解放的局限性的批判；在理论立场上它们同时还是对以鲍威尔为代表的宗教批判思想的批判。

从主题内容看，《德法年鉴》上的两篇文章是对《黑格尔法哲学批判》所提出的问题的进一步解答。马克思在《黑格尔法哲学批判》反驳了黑格尔对现代国家与市民社会之间关系的解释，并因此而提出了一系列问题：现代国家与市民社会之间的关系究竟是怎样的？二者之间的分离和对立究竟会导致什么社会问题？什么才是能够真正解决问题的道路？《德法年鉴》上的两篇文章正是对这些问题的思考。《论犹太人问题》的理论重心是政治解放的局限性，马克思在文中以先进的美国社会为参照，重新解构现代国家与市民社会之间的关系，断定现代政治注定衰落、市民社会必将导致普遍的自我异化。《〈黑格尔法哲学批判〉导言》的理论重心是超越政治解放的另一条道路。马克思在文中以落后的德国社会为参照，具体论证政治解放道路的不可能性：一方面政治解放不是彻底解决问题的真正道路；另一方面政治解放的道路在德国也不具备任何现实性。在此基础之上，马克思进一步指出在市民社会中正在生成的无产阶级代表着解决问题的真正道路，这是一条超越了政治解决的局限性的道路，是普遍的人的解放的道路。

从理论立场看，此时的马克思已经开始对以鲍威尔为代表的宗教批判思想进行批判。《论犹太人问题》以"犹太人问题"为切入点，对鲍威尔的宗教批判思想进行了直接批判；《〈黑格尔法哲学批判〉导言》更是在开篇之初就对整个德国的宗教批判思想进行了总体性的批判。[①]概括地说，马克思对青年黑格尔派的宗教批判思想的批判主要集中在四个方面：

（1）它在批判对象上仅仅局限于对宗教的批判。

以鲍威尔为代表，他们往往把所有的现实问题都归结为宗教问题，因此其批判的重心只是宗教，根本没能深入到对现实问题本身的批判。例如，鲍威尔在《犹太人问题》中就把犹太人的问题归结为犹太教，把普鲁士国家的问题归结为基督教，这样他既不能把握犹太人的实际生存

[①] 参见《马克思恩格斯全集》第3卷，人民出版社2002年中文第2版，第199—200页。

条件,也不能分析普鲁士国家的内部社会结构。

(2)他在政治立场上仅仅停留于政治解放的高度。

同样是以鲍威尔为例,他虽然声称解决问题的道路是普遍的人的解放,但却把人的解放归结为政治解放,即把具有基督教性质的国家变革为以自由为原则的现代理性国家,把受制于宗教意识的信徒提升为达到了自我意识高度的理性公民。马克思指出,鲍威尔局限于对落后的德国政治的不满,没能站在整个现代世界的高度上来看待问题,完全没有认识到政治解放本身的局限性。

(3)他在哲学立场上停留于黑格尔的哲学。

以鲍威尔为代表的青年黑格尔派直接从黑格尔哲学出发,甚至是直接使用黑格尔的哲学概念(例如,鲍威尔的"自我意识"概念),没有对黑格尔哲学体系的反思和批判。在对历史的理解上,鲍威尔直接从黑格尔哲学出发,认为历史是理性自我发展的历史,它有自己的发展逻辑(从犹太教到基督教再到基督教的解体),历史的最终目的是自我意识。在对现实的理解上,鲍威尔也直接从黑格尔哲学出发,认为国家是解决问题的真正场所。例如,鲍威尔在《犹太人问题》中指出,解决犹太人问题的具体途径是国家颁布法令,取消宗教信仰的特权。

（4）他在实际效果上可能最终停留于对既定现实的承认。

青年黑格尔派的理论家们只是在理论上坚持彻底的批判，批判仅仅意味着用达到了科学高度的意识来取代之前的、具有宗教性质的意识。落实到现实生活中，这条彻底的宗教批判道路完全有可能只是以批判的方式来承认一切。如果没有对现实世界本身的批判和变革，只停留于用自我意识来扬弃宗教意识，就完全有可能是用另一种方式来解释实存，并借助这另一种解释来承认它。正因如此，马克思在《〈黑格尔法哲学批判〉导言》的开篇处就强调指出"就德国来说，对宗教的批判基本上已经结束，而对宗教的批判是其他一切批判的前提"。[1]这也就是说，我们必须超越青年黑格尔派的宗教批判，进一步深入到对现代国家和市民社会的批判，在批判中找到解决现代国家与市民社会相分离、对立的现实道路。

概括起来，《论犹太人问题》的写作背景主要有理论和现实两个方面。从现实背景看，小范围的现实背景是德国在政治上落后反动，拿破仑战败后"反犹主义"势力在

---

[1] 《马克思恩格斯全集》第3卷，人民出版社2002年中文第2版，第199页。

德国社会再度抬头和社会上兴起的关于"犹太人问题"的争论；大范围的现实背景是现代政治在欧洲和北美的陆续实现，现代政治在美国的充分发展以及美国社会所暴露出来的政治解放的有限性。从理论背景看，一方面是青年黑格尔派的宗教批判思想对整个德国理论界的影响，另一方面是马克思本人对现代世界的基本判断、对黑格尔法哲学的自觉批判和对青年黑格尔派宗教批判思想的超越。

二、核心内容

《论犹太人问题》在结构上分为上、下两篇，上篇是对鲍威尔的文章《犹太人问题》的回应，下篇是对其另一篇文章《现代犹太人和基督徒获得自由的能力》的回应。上、下篇结合在一起，贯穿着整篇文章的核心线索是对现代国家与市民社会之间关系的重新解构。从这个角度看，可以说《论犹太人问题》在研究主题上是对马克思此前所完成的《黑格尔法哲学批判》的直接继续。《黑格尔法哲学批判》的写作重心在于反驳黑格尔的国家哲学，指出黑格尔根本不能给出一条解决现代国家与市民社会之间的分离、对立的现实道路。《论犹太人问题》的写作重心则在于具体解析现代国家与市民社会之间关系的发展趋势。概要地说，上篇是对现代国家的具体批判，下篇是对市民社会的进一步批判。通过对现代国家和市民社会的双重批判，马克思指出了现代国家与市民社会之间关系的根本发展趋势，即现代国家将促成市民社会的充分发展，市民社会的充分发展不仅必将导致人的普遍的自我异化，而且还将致使现代国家被市民社会吞没。在此基础之上马克思还进一步指出了解决问题的方向，即人类解放。

（一）"犹太人问题"的实质

在文章上、下篇的开头处，马克思首先通过对鲍威尔的核心观点的直接反驳，明确界定了"犹太人问题"的实质，指出了贯穿整篇文章的核心线索。关于"犹太人问题"的实质，马克思在上篇中指出它在根本上不是宗教问题，而是政治解放的内在限度问题，即现代国家的根本缺陷问题。上篇的所有论述都围绕着对现代国家的批判展开，其重点在于说明现代国家根本无力解决市民社会与现代国家之间的对立。在此基础之上，马克思在下篇中进一步指出，"犹太人问题"不仅是现代国家和市民社会的分离、对立问题，它同时还是市民社会中的人的自我异化问题，下篇的论述重心因此就转移到了对市民社会本身的批判。这样，马克思就通过重新界定"犹太人问题"的实质，把鲍威尔那里的宗教问题明确地转换为现代国家和市民社会之间的关系问题。

根据马克思的理解，鲍威尔在《犹太人问题》一文中主张"犹太人问题"的实质是宗教问题。首先，鲍威尔是局限在德国的处境中来讨论"犹太人问题"的，在德国处境中"犹太人问题"直接表达为犹太人要求政治解放，要求在普鲁士国家（以基督教为前提，未达到政治和宗教的分离）中被承认具有与基督徒同样的公民身份。其次，鲍威尔认为"犹太人问题"的实质是宗教问题，犹太人与普鲁士国家（基督教国家）之间的对立实际上是宗教对立。一方面，普鲁士国家没能达到现代国家的高度，没能真正做到与宗教相分离；另一方面，犹太人也没能达到现代人的高度，没能摆脱宗教信仰。再次，鲍威尔进一步指出，解决"犹太人问题"的道路是废除宗教。废除宗教首先意味着对立的双方（即普鲁士国家或犹太人）同时放弃宗教，普鲁士国家上升为真正意义上的现代国家，犹太人放弃自己的宗教信仰。废除宗教同时还意味着犹太人和基督徒都要通过否定自己的宗教信仰而达到自我意识的高度，只有这样犹太人和基督徒之间的对立才能真正被解决。最后，关于废除宗教的具体途径，鲍威尔明确指出必须是国家通过立法来废除宗教特权。鲍威尔认为对于犹太教这样的要求特权的宗教，将随着其特权被取消而自动解体。

针对鲍威尔在《犹太人问题》一文中的这些主张，马克思在《论犹太人问题》的上篇开宗明义地指出"犹太人问题"的实质不是宗教对立，而是政治解放的内在限度。马克思的论证在两个层次上展开：首先，鲍威尔仅仅局限在普鲁士的范围内讨论"犹太人问题"，他没能站在现代世界的高度把"犹太人问题"把握为"当代的普遍问题"。马克思指出，现代政治在不同国家有不同的发展程度，德国远远落后于现代政治的水平，普鲁士国家依然声称以基督教为前提；法国已经是现代意义上的立宪国家，但它同时又保留着所谓的"国教"，因为其国民的大多数有共同信仰的宗教；美国是真正意义上的现代国家，它已经彻底实现了国家与宗教的分离。正因为现代政治在不同国家有不同的发展程度，"犹太人问题"在不同国家也具有不同的内涵，在德国和法国，"犹太人问题"是神学问题，但在美国，"犹太人问题"则是彻底的世俗问题。它的具体表现是现代国家已经实现了对宗教的解放，但宗教在市民社会中依然存在，市民社会中的个体们依然信仰不同的宗教，美国的犹太人依然信仰犹太教。马克思认为，我们要把握住"犹太人问题"在现代世界的普遍意义，就必须超出德国的特殊境况，在美国的环境中来把握其实质。

其次，在美国的环境中我们就能够清楚地看到，"犹太人问题"的实质是政治解放的内在局限性。"犹太人问题"在这里表现为虽然国家已经从宗教中解放了出来，但市民社会中的人们依然被宗教所束缚。它表明现代国家并不能带来对问题的真正解决，并不能带来人的自由的实现。因此"犹太人问题"的实质是现代国家的内在缺陷问题，或者说现代国家的世俗结构问题。现代国家的世俗结构问题也就是现代国家与它的前提之间的矛盾问题，即现代国家与市民社会之间的关系问题。这样，马克思就通过对"犹太人问题"实质的重新界定明确地把批判的重心从宗教批判转移到了现代国家批判。《论犹太人问题》的上篇围绕着现代国家批判展开，马克思着力说明现代国家在根本上无力解决它与市民社会之间的分离和对立。现代国家具有抽象的性质，它以市民社会为前提，并与市民社会相互分离和对立；现代国家是以政治的方式对人的主权的实现，它需要公民自觉地认识到是市民社会的目的；但现代国家在其关于"人权"的思想和实践中，实际上是以市民社会为目的,是在促进与它在原则上相互对立的市民社会的充分发展。

关于"犹太人问题"的实质,鲍威尔在《现代犹太人和基督徒获得自由的能力》一文中又再次重申它在本质上是宗教问题。该文围绕着"犹太人获得解放的能力问题"展开,鲍威尔站在启蒙的立场上认为现代犹太人的解放就是从宗教中的解放。因为现代犹太人信仰的犹太教在人的精神发展的历史上低于基督徒信仰的基督教,现代犹太人在获得自由的能力上因此也低于基督徒。基督徒只需要否定基督教,上升到自我意识的高度就获得了自由,现代犹太人则不仅需要否定犹太教,而且还需要进一步否定基督教,才能达到自我意识的高度,获得自由。针对鲍威尔的这一见解,马克思再次强调"犹太人问题"的实质不是宗教问题。马克思强调指出,"犹太人问题"的直接表现是犹太人信仰犹太教,受制于宗教的束缚。但要真正把握住"犹太人问题"的实质,我们就必须弄清楚现代犹太人信仰宗教的现实原因。在上篇中,马克思已经指出犹太人信仰宗教的现实原因是政治解放的不彻底性。因为现代国家无力真正解决问题,宗教才会在市民社会中继续存在,犹太人作为市民社会中的成员依然信仰犹太教。在《论犹太人问题》的下篇中，马克思的论述则更进了一步。马克思指出，犹太人之所以信仰宗教，还因为犹太人的实际生存境况是"自私自利和实际需要"。由于这样的生活条件，犹太人以做生意为其世俗生活的实际内容，并在世俗生活中以金钱为唯一的上帝。马克思同时还指出，在政治解放的条件之下，犹太人的此种生存境况恰恰是市民社会中的个体的普遍生存境况，"犹太精神"（货币拜物教）成为了市民社会的精神。于是，犹太人的解放问题就被转换为对市民社会本身的内在缺陷的克服问题。整个下篇围绕着对市民社会的批判展开，马克思指出，具有抽象性质的现代国家将促成市民社会的充分发展；市民社会的充分发展将导致以物的形式所展开的人的普遍的自我异化，即货币拜物教；货币拜物教的盛行将导致国家不再被认作更高的目的，导致现代国家被市民社会所吞没。

这样，马克思就借助于对"犹太人问题"的分析把鲍威尔那里的宗教批判转换为对现代国家和市民社会的双重批判。通过对现代国家和市民社会的双重批判，马克思一方面对现代国家与市民社会之间关系的发展趋势给出了明确判断，另一方面也明确地把市民社会批判确立为其理论的主要任务。关于现代国家与市民社会之间的关系，与黑格尔意义上三环节的发展（以国家为前提和根据，市民社会获得充分发展，再从市民社会必然过渡到国家）相对立，马克思指出它们之间的现实关系是政治革命带来了现代国家和市民社会之间的两元对立，现代国家将促成市民社会的充分发展，市民社会的充分发展将导致金钱拜物教的盛行和国家的衰落。因此，最终我们所要面对的是市民社会中的异化和奴役问题，市民社会批判将取代抽象宗教批判和现代国家批判，成为理论的首要任务。

（二）现代国家批判

《论犹太人问题》的上篇是对现代国家的集中批判。马克思以北美的现代国家为典型分三个层次对现代国家进行了深入分析。首先，现代国家具有抽象的性质，它只是对问题的有限解决，它带来了市民社会与现代国家的二元对立。其次，现代国家是以政治的方式对人的主权的实现，它是"真正意义上的基督教国家"，需要人们在政治意识中认它为更高的目的。最后，现代国家在其关于"人权"的思想和实践中，实际上是反过头来把市民社会当作

原著
解读

自己的目的。

1. 现代国家的抽象性质

面对着宗教在北美社会的持续存在,马克思进一步探究致使这一现象的真正根源。马克思认为,之所以会有国家已经从宗教中解放出来,但该国中的绝大多数人还信奉宗教的现象,是因为人们通过国家而达到的政治解放只是一种抽象的、有限的、局部的解放。它只是让人们在政治上从某种限制中解放出来(例如,从宗教的限制中解放出来),却不能使人们在实际生活的所有领域中都从这种限制中解放出来。为了进一步说明政治解放的有限性和抽象性,马克思直接把抽象的国家与抽象的宗教相类比。"宗教正是以间接的方法承认人。通过一个中介者。国家是人以及人的自由之间的中介者。正像基督是中介者,人把自己的全部神性、全部宗教约束性都加在他身上一样,国家也是中介者,人把自己的全部非神性、自己的全部人的无约束性寄托在它身上。"[1]在这段文字中,马克思通过中介的概念既明确界定了宗教和现代国家的抽象性,也准确刻画了抽象宗教与现代国家之间的类比关系。在基督教那

---

[1] 《马克思恩格斯全集》第3卷,人民出版社2002年中文第2版,第171页。

里，是以基督为中介来摆脱掉世俗世界的所有罪恶和苦难；在现代国家这里，是以现代国家本身为中介来实现人与人之间的普遍自由关系。在基督教那里，是把解决问题的领域局限在了天国；在现代国家这里，是把解决问题的领域局限在了与家庭和市民社会领域相分离的政治生活领域。在基督教那里，人们借助基督而获得的解放是一种抽象的解放，因为所有真实的问题都被留在了世俗的世界；在现代国家这里，人们借助于现代国家所获得的政治解放也只是一种抽象的解放，因为所有真实的难题都被留在了市民社会领域，而后者恰恰是人们的实际生活得以展开的地方。

正因为人们通过现代国家而达到的政治解放只是一种抽象的解放，政治解放所导致的直接结果是现代国家与市民社会、政治生活与私人生活之间的二分。"在政治国家真正形成的地方，人不仅在思想中、在意识中，而且在现实中，在生活中，都过着双重的生活——天国的生活和尘世的生活。前一种是共同体中的生活，在这个共同体中，人把自己看作是社会存在物；后一种是市民社会中的生活，在这个社会中，人作为私人进行活动，把他人看作工具，把自己也降为工具，并成为异己力量的玩物。"[1]马克思这里明确指出，政治解放不仅带来了政治国家和市民社会的分离，而且这种分离落实到每一个人身上还是两重生活之间的分裂。在市民社会中，人与人之间是相互分离的关系，在其中活动着的是以特殊利益为原则的个体，他们各自从自己的特殊利益出发来展开与他人的普遍交往关系。因此，在市民社会中人们不仅把他人看作工具，而且市民社会中的所有个体最后也都被某种外在的异己力量所掌控。与之相对立，在政治国家中，人与人之间是共同体成员之间的关系，人们自觉地把自己看作社会存在物，把普遍的共同体当作是目的。现代人就活在这样的内在分裂之中。

在此基础之上马克思更进一步指出，这二者之间的关系不仅仅只是分离和对立。对于身处于该分裂之中的现代人来说，二者之间的关系还有更进一步的内容。一方面，人们在观念中会把市民社会中的私人生活看作是现象，把国家中的政治生活看作是人之为人的本质；另一方面，人们的现实生活又只是在市民社会领域中展开的。"人在其

---

[1] 《马克思恩格斯全集》第3卷,人民出版社2002年中文第2版,第172——173页。

最直接的现实中,在市民社会中,是尘世存在物。在这里,即在人把自己并把别人看作现实的个人的地方,人是一种不真实的现象。相反,在国家中,即在人被看作类存在物的地方,人是想象的主权中虚构的成员;在这里,他被剥夺了自己现实的个人生活,却充满着非现实的普遍性。"①马克思在这里特别强调,虽然相对于市民社会来说,政治国家只是以它为前提通过抽象而达到的结果,但人们在意识中却把政治国家认作是本质。正因为人们有如此的认定,政治国家才能获得相对于市民社会的超越性,才能被作为普遍理性而发展起来。

2. 现代国家是"真正意义上的基督教国家"

为了更加透彻地阐发现代国家与市民社会之间的关系,马克思进一步指出,现代国家是真正意义上的基督教国家。马克思的这一论断既直接针对着鲍威尔关于"基督教国家"的错误观念,又是对现代国家与市民社会之间关系的进一步解析。鲍威尔把落后的普鲁士国家界定为"基督教国家",因为它尚未实现宗教与政治的分离,尚未完成政治解放。透过对此种"基督教国家"的批判,鲍威尔

---

① 《马克思恩格斯全集》第3卷,人民出版社2002年中文第2版,第173页。

原著解读

坚守的是激进民主政治的立场。他主张实现彻底的政治解放，并认为通过国家取消宗教的特权，犹太教等尚未达到普遍性高度的宗教将不复存在。不仅如此，在彻底的政治解放的前提之下，国家成员还将必然地达到自我意识的高度，将在科学的高度上实现对宗教的超越。马克思的观点正好相反，他认为由彻底的政治解放所带来的现代的、民主制的国家才是真正意义上的基督教国家。马克思之所以作如此论断，一是为了准确界定现代国家的原则，二是为了再次强调现代国家的抽象性，三是为了特别指出政治意识对于现代国家的极端重要性。

（1）马克思交代了他的这一论断的基本含义，并通过这一交代明确指出现代国家的根本原则是人的主权。"宗教精神也不可能真正世俗化，因为宗教精神本身除了是人的精神某一发展阶段的非世俗形式还能是什么呢？只有当人的精神的这一发展阶段——宗教精神是这一阶段的宗教表现——以其世俗形式出现并确立的时候，宗教精神才能实现。在民主制国家就出现这种情形。这种国家的基础不是基督教，而是基督教的人的基础。"[1] 在这段文字中，马

---

[1] 《马克思恩格斯全集》第3卷,人民出版社2002年中文第2版,第178—179页。

克思明确交代了其思考问题的独特角度。这是典型的黑格尔主义的思路,他在人的精神的历史发展过程中来理解现代国家对于基督教的关系。首先,他把基督教理解作人的精神发展过程中的某一阶段,强调基督教的真理性就在于它用非世俗的形式所表达的那个关于人的道理,即基督教的人的基础。其次,他强调现代国家是对基督教的扬弃,在人的精神的历史发展过程中它是紧接着基督教的下一个环节。其对于基督教的继承和超越就体现在它以非世俗的形式实现了基督教的真理。那么,基督教的人的基础究竟指什么?或者说,什么才是基督教的真理?马克思的回答简单、明确,这就是人的主权。"政治民主制之所以是基督教的,是因为在这里,人,不仅一个人,而且每一个人,是享有主权的,是最高的存在物……基督教的幻象、幻梦和基本要求,即人的主权——不过人是作为一种不同于现实人的、异己的存在物——在民主制中,却是感性的现实性、现代性、世俗准则。"[1]马克思在这里直接采用了黑格尔的观点,认为基督教的真理就是人的自由,马克思把它进一步界定为人的主权(the sovereignty of man),并特

---

[1] 《马克思恩格斯全集》第3卷,人民出版社2002年中文第2版,第179页。

别强调这是一个普遍性的原则,它意味着每一个人都享有主权。在此基础上他还进一步指出,在基督教那里这一原则无法以现实的、感性的方式得到实现。在现代民主制国家中,这一原则已经成为了现代国家的根本原则,它在人们的政治生活中得到了实现。只是,人们的政治生活又是与人们在市民社会领域中所展开的现实生活相分离的。马克思在这里不仅明确指出了现代国家的原则,还同时点到了现代国家的抽象性。

(2)在做出这一重要论断时,马克思还特别指出了政治意识对于现代国家的重要性。"政治国家的成员信奉宗教,是由于个人生活和类生活之间、市民社会生活和政治生活之间的二元性;他们信奉宗教是由于人把处于自己的现实个性彼岸的国家生活当作他的真实生活;他们信奉宗教是由于宗教在这里是市民社会的精神,是人与人分离和疏远的表现。"[①] 这段话相当难解,它至少包含了三个层次的内容:首先,政治国家的成员们在面对市民生活与政治生活的二元性时,他们是把其在抽象的政治共同体之中的政治生活当作了真实生活。更进一步地说,他们把自己在

---

① 《马克思恩格斯全集》第3卷,人民出版社2002年中文第2版,第179页。

市民社会中的以特殊性为原则的生活看作了现象，而把其在国家中的生活看作是以普遍性为原则的生活，并因此认之为前者的目的。人们对政治生活所采取的这种态度对于维系现代国家之相对于市民社会的彼岸性和普遍性极其重要，这种态度正是马克思所讲的"政治意识"。[①] 其次，这种政治意识往往由宗教来担当。马克思当然知道，这种政治意识完全可以不以宗教的形式出现，例如，人们可以像黑格尔那样，借助于神秘的法哲学来理解市民社会与国家之间的关系。但马克思要强调的是，这种政治意识与宗教意识有内在的一致性，它们都是把处于现实生活彼岸的生活（天国中的神圣生活或政治共同体的政治生活）认作是真正的生活（true life）。正因为二者之间具有这样的内在一致性，这种国家的成员们不仅常常是信仰宗教的，而且他们信仰宗教反过来对于他们展开政治生活具有重要的意义。最后，必须同时指出的是，宗教虽然可以担当现代政治意识，但此时的宗教一定是已被下降到市民社会领域中去的宗教。现代国家之所以是抽象的、普遍性的，就因为它已经从宗教、私有财产等特殊因素中解放了出来，现代

[①] 这个概念直接出自《〈黑格尔法哲学批判〉导言》，参见《马克思恩格斯全集》第3卷，人民出版社2002年中文第2版，第206—207页。

国家不再直接依赖于宗教。此时的宗教在市民社会的领域中持续存在，又因为在市民社会中人与人之间是相互分离的关系，所以宗教在市民社会中也一定是多元的、差别性的。宗教的这种多元化所表现的是市民社会中人的实际生存境况。在这个意义上，马克思说宗教是市民社会的精神。

（3）为了说明宗教不仅在市民社会中持续存在，而且宗教精神反过来可以担当起政治意识的作用，马克思特地对市民社会中宗教的实际状况进行了考察。"在完成了的民主制中，宗教意识和神学意识之所以自认为更富有宗教意义、神学意义，这是因为从表面上看来，它没有政治意义，没有世俗目的，而只关系到厌世情绪，只是理智有局限性的表现，只是任意和幻想的产物，这是因为它是真正彼岸的生活。在这里，基督教实际表现出自己包罗一切宗教的作用，因为它以基督教形式把纷繁至极的世界观汇总排列，何况它根本不向别人提出基督教的要求，只提出一般宗教而不管是什么宗教的要求。宗教意识沉浸在大量的宗教对立和宗教多样性之中。"[①] 马克思在这里主要指出了

---

① 《马克思恩格斯全集》第3卷，人民出版社2002年中文第2版，第179—180页。

现代社会的宗教精神的两大特点。首先,它具有更加强烈的超越性和彼岸性。宗教在这里已经摆脱了与政治权力之间的直接纠缠,它不再为世俗的目的服务,因而具有更强的超越性和彼岸性。其次,它更加注重普遍性。我们知道马克思的这些论述直接依据的是托克维尔、汉密尔顿和博蒙的著作,这段话的后半段所指的主要是在北美社会兴起的福音派运动。基督教在这里表现出了强烈的普遍性的精神,虽然市民社会中的的确确存在着宗教多元化的现象,但比这一现象更重要的是,人们同时还意识到宗教精神的本性在于对普遍性的追求。论述至此,我们可以清楚地看到,现代宗教精神的这两大特点刚好与现代国家的本质特征遥相呼应。因此,此种宗教精神可以实际地起到支撑起现代国家的超越性和普遍性的作用。借用马克思的话来说,就是"宗教仍然是这种国家的成员的理想的、非世俗的意识,因为宗教是在这种国家中实现的人的发展阶段的理想形式。"[①]

3.现代国家与"人权"

为了进一步说明市民社会与国家之间的这种二元关系

---

① 《马克思恩格斯全集》第3卷,人民出版社2002年中文第2版,第179页。

最终将导向何处，马克思在《论犹太人问题》中特地展开了对人权观念的批判，并进而揭示了现代政治意识中的又一个方面。

同样，马克思对于人权观念的解析也是直接针对鲍威尔对人权观念的错误理解。简言之，鲍威尔认为人权是我们与历史上的特权斗争的结果，它以普遍性为原则。犹太人作为犹太人，不能享有这种普遍的人权；基督徒作为有特权的基督徒，也必能享有这种普遍的人权。针对鲍威尔的这一错误观点，马克思指出我们必须首先弄清楚人权的具体内涵。人权（human rights）明确地分为公民权（rights of citizen）和人的权利（rights of human）两类。人权（后一种意义上的人权）实际上只是市民社会中自私自利的个体的权利。

为了说明这一点，马克思对各种关于人权的法律进行了具体分析。他认为在所有这些法律中，人权主要包含四个方面的权利：自由、财产、平等和安全。具体来看，自由指的是在人与人相互分离的条件下每个人所享有的单子式的自由；财产是对上述自由权利的实际应用；平等指每个人都是独立自在的单子；安全仅仅是黑格尔意义上的"需要和理智的国家"的概念，它属于市民社会的领域，代表着外在的必然性,维持着人与人之间的外在联系。据此马克思断定,人权在根本上只是市民社会中相互分离的个体们的权利。"任何一种所谓的人权都没有超出利己的人,没有超出作为市民社会成员的人,即没有超出作为退居于自身,退居于自己的私人利益和自己的私人任意,与共同体分隔开来的人。"①

接下来,马克思立即提出了一个极其要害的问题:现代国家为什么会反过来把市民社会(或市民社会中的个体的权利)看作是目的?"尤其令人困惑不解的是这样一个事实:正如我们看到的,公民身份、政治共同体甚至都被那些谋求政治解放的人贬低为维护这些所谓的人权的一种手段;因此,citoyen(公民)被宣布为利己的homme(人)的奴仆;人作为社会存在物所处的领域被降到人作为单个存在物所处的领域之下;最后,不是身为citoyen(公民)的人,而是身为bourgeois(市民社会的成员)的人,被视为本来意义上的人,真正的人。"②马克思在这里特别强调了三个不同的概念:公民、人和市民。他明确指出,由于

---

① 《马克思恩格斯全集》第3卷,人民出版社2002年中文第2版,第184—185页。
② 《马克思恩格斯全集》第3卷,人民出版社2002年中文第2版,第185页。

人们把公民身份（citoyen）看作是以人本身（homme）为目的，最后人们实际上是把市民（bourgeois）当作了真正的人。这样，马克思就敏感地指出了在现代政治意识内部存在着的一对矛盾：一方面人们要谋求政治解放，就必须把政治国家看作是目的。我们在前文中刚刚提到，政治国家要被人们认作是真正普遍的，人们就必须把它看作是超越于市民社会的。另一方面，我们在人权观念中，在早期近代的政治理论中所看到的却是相反的情况，这种意识把市民社会看作是国家的目的，把市民社会中人看作是真正的人。

马克思不仅指出了这一内在矛盾，而且还通过考察政治革命的真实内涵而指出了这一矛盾的必然性。首先，是对政治革命的具体内涵进行界定："政治国家的建立和市民社会分解为独立的个体——这些个体的关系通过法制表现出来，正像等级制度中和行帮制度中的人的关系通过特权表现出来一样——是通过同一种行为实现的。"[1] 马克思在这里明确指出，政治革命不仅带来了政治国家，它还同时解放了市民社会，带来了现代资产者意义上的市民社

---

[1] 《马克思恩格斯全集》第3卷，人民出版社2002年中文第2版，第188页。

会。在对现代世界的看法上，马克思此时与黑格尔的立场一样，都认为现代世界是由法国大革命开辟出来的新世界。政治革命的功绩就在于，它把政治社会与市民社会彻底分离了开来，一方面使政治国家获得了普遍性，另一方面也解放了原先的市民社会。其次，是说明政治革命必然会带来自然人和自然权利的观念："但是，人，作为市民社会的成员，即非政治的人，必然表现为自然人。Droits de l'homme（人权）表现为droits naturels（自然权利），因为有自我意识的活动集中于政治行为。利己的人是解体社会的被动的、只是现成的结果，是有直接确定性的对象，因而也是自然的对象。"① 关于自然人和自然权利的观念，马克思在这里实际上提到了导致其产生的两方面原因。一是政治革命以政治国家的建立为自觉的目的，它会把同时产生的市民社会中的私人看作是非人为的结果，看作是自然的。二是政治国家以超越了特殊性的普遍性为原则，它在逻辑上也是以市民社会中的特殊利益为前提的。这两方面的原因合在一起，人们就会把市民社会中的私人及其权利看作是自然的，是最初的前提。最后，是由此而进一步

---

① 《马克思恩格斯全集》第3卷，人民出版社2002年中文第2版，第188页。

推出现代国家为什么会反过来以市民社会为目的。既然政治国家已经在自然人和自然权利的观念中承认市民社会中的私人及其权利是它的前提，它必然就会进一步把它当作是自己的目的。这就正像黑格尔在论述家庭、市民社会与国家之间的关系时所使用的逻辑一样：正因为家庭和市民社会本身是以国家的观念为前提的，它们才必然会以国家为自己的内在目的。

论述至此，我们已经可以看到马克思对市民社会与现代国家之间的关系处理得相当复杂：首先，政治革命同时开辟出了现代国家和市民社会这两个相互不同的领域，二者既相互分离又相互对立。其次，由于市民社会以特殊性为原则，现代国家以超越了特殊性的普遍性为原则，现代国家的成员们往往会把现代国家认作是目的。最后，由于自然人和自然权利的观念，现代国家也同时在关于人权的法律规定中，把市民社会看作是现代国家的目的。这也就是说，面对着现代国家与市民社会的二分，马克思还更加深入地洞见到了内在于它们之间相互关系中的一种动态平衡：一方面，国家成员们把现代国家认作目的，强调国家代表着普遍性；另一方面，借助于自然人和自然权利的观念，现代国家又在实际的关于人权的法律中以市民社会为目的,并促成了市民社会的充分发展。这种动态平衡同时也是内在于现代人的政治意识中的一个内在矛盾。马克思通过洞见到内在于现代政治意识中这一自相矛盾,就准确地把握住了现代政治的脆弱性。

通过上述对现代国家的三个层次的解析,马克思一方面对现代国家与市民社会之间的关系进行了明确把握,另一方面也对犹太人在政治解放的条件下所应具有的权利进行了清晰论证。马克思指出,现代国家停留于与市民社会的两元对立,它一方面要求人们在政治意识中认其为更高目的,另一方面又同时把市民社会中的个体权利当作是国家的目的。至于实存于现代国家与市民社会之间的这双重关系最终将走向何处,马克思在下篇中将通过对市民社会的批判进一步指出其最终发展趋势。关于犹太人的权利问题,马克思通过对"人权"概念进行具体解析而明确指出,犹太人在政治解放的条件之下应当享有与市民社会中所有其他成员一样的权利。

（三）市民社会批判

《论犹太人问题》的下篇可被看作是对市民社会的集中批判。马克思首先通过考察导致犹太人信仰犹太教的世俗基础，明确指出犹太人的客观生存境况同时也正是市民社会中成员们的基本生存境况。以此为根据，他把对犹太教的批判转变为对市民社会的批判，把上篇没有彻底完成的对现代国家和市民社会之间关系的分析进一步展开。关于市民社会和现代国家之间的关系，马克思在下篇中进一步指出，市民社会的发展要以现代国家为必要前提，市民社会的充分发展将导致以人的普遍的自我异化，带来货币拜物教的盛行，货币拜物教的盛行将致使现代国家最终衰落。

1. 市民社会与"犹太精神"

下篇是对鲍威尔的《现代犹太人和基督徒获得自由的能力》的直接反驳。关于鲍威尔在此文中所反复提到的犹太人获得解放的能力，马克思首先指出，真正重要的不是去探究犹太人必须在观念上做出多大改变，而是去考察导致犹太人信仰犹太教的世俗基础是什么。"我们不是到犹太人的宗教里去寻找犹太人的秘密，而是到现实的犹太人里去寻找他的宗教的秘密。犹太教的世俗基础是什么呢？实际需要，自私自利。犹太人的世俗礼拜是什么呢？做生意。他们的世俗的神是什么呢？金钱。"[1] 马克思在这里明确指出，犹太人的客观生存处境是实际需要和自私自利。这也就是说，他们不属于任何一个真实的共同体，是游离在这些共同体之外的个体，因此他们一方面自私自利（以自己的特殊利益为行动原则），另一方面又有实际需要，必须通过与他们进行商品交换才能从他人那里获得满足自己需要的物品。马克思同时还指出，正因为犹太人的客观生存处境是实际需要和自私自利，他们在世俗生活中实际信仰的神是金钱，不是耶和华。"犹太精神"的真实内涵是对金钱的崇拜，不是对抽象的人格化的上帝的崇拜。

其次，马克思又通过对现代犹太人在市民社会中的特殊地位的考察，进一步指出了市民社会中所有个体们的实际生存处境。现代犹太人在市民社会中的特殊地位究竟是怎样的？鲍威尔认为犹太人已经用自己的方式解放了自己，因为他们掌握了金钱的势力。马克思则在此基础之上进一步追问，犹太人为什么可以凭靠着手中的金钱来实现

---

[1] 《马克思恩格斯全集》第3卷，人民出版社2002年中文第2版，第191页。

对整个世界的掌控?"犹太人用犹太人的方式解放了自己,不仅因为他掌握了金钱势力,而且因为金钱通过犹太人或其他的人而成了世界势力,犹太人的实际精神成了基督教各国人民的实际精神。"① 在这段文字中,马克思明确指出金钱不仅是掌控着犹太人的唯一的神,而且也是掌控着整个市民社会的唯一的神。换言之,"犹太精神"(货币拜物教)不仅掌控着现代犹太人,而且掌控着市民社会中的所有成员。那么,导致"犹太精神"成为整个市民社会的精神的现实基础又是什么?"市民社会从自己的内部不断产生犹太人。犹太人的宗教的基础本身是什么呢?实际需要,利己主义。……实际需要、利己主义是市民社会的原则;"② 马克思在这里明确指出,"犹太精神"之所以会成为市民社会的精神,是因为市民社会中的成员们的客观生存处境同样是实际需要和自私自利。在市民社会中人与人相互分离,自私自利成为规定人的行动的原则。与此同时,每个个体又必须通过与其他个体发生交往和交换关系才能满足自己的实际需要,于是实际需要或与他人之间的

---

① 《马克思恩格斯全集》第3卷,人民出版社2002年中文第2版,第192—193页。
② 《马克思恩格斯全集》第3卷,人民出版社2002年中文第2版,第195页。

普遍交换关系就成为规定着其行动的又一个原则。从这个角度看，现代犹太人的客观生存处境也正是市民社会中的人们的普遍生存处境。

通过考察犹太人的客观生存处境和犹太人在市民社会中的特殊地位，马克思敏锐地洞见到"犹太精神"（货币拜物教）成为市民社会的真精神。于是"现代犹太人的解放问题"就被转变为市民社会何以从"犹太精神"中获得解放的问题，为了回答这一问题，马克思再次回到了市民社会和现代国家之间的关系问题，并在此关系中进一步展开对市民社会的批判。

2. 市民社会的前提

马克思强调，市民社会以现代国家为前提，"犹太精神"以基督教世界为前提。"犹太精神随着市民社会的完成而达到自己的顶点；但是市民社会只有在基督教世界才能完成。基督教把一切民族的、自然的、伦理的、理论的关系变成对人来说是外在的东西，因此只有在基督教的统治下，市民社会才能完全从国家生活分离出来，扯断人的一切类联系，代之以利己主义和自私自利的需要，使人的世界分解为原子式的相互敌对的个人的世界。"[①] 马克思在

[①] 《马克思恩格斯全集》第3卷，人民出版社2002年中文第2版，第196页。

这里明确指出，市民社会只有在基督教世界才能完成，这与上篇中关于现代国家是真正意义上的基督教国家遥相呼应。在基督教那里，人与人之间的共通联系被放到了天国之中，尘世中实际存在着的一切民族的、自然的、伦理的、理论的关系都被看作外在于人的。政治革命是对这一逻辑的具体实现，它把人与人之间的这些联系全部扯断，把人与人之间的共通关系局限在现代国家之中。以这样的现代国家为前提，市民社会就成为了自私自利的个体们所活动的领域。我们在上文中提到，如此的现代国家借助于自然人的观念，又把市民社会中的私人的权利当成是国家目的，现代国家不仅是前提，它还将进一步地自觉促成市民社会的充分发展。

3. 市民社会的必然发展趋势

市民社会的充分发展将必然导致货币拜物教的普遍流行。"实际需要、利己主义是市民社会的原则；只要市民社会完全从自身中产生出政治国家，这个原则就赤裸裸地显现出来。实际需要和自私自利的神就是金钱。"[①]马克思在这里直接论述市民社会的原则，他的论述与黑格尔对市

---

① 《马克思恩格斯全集》第3卷，人民出版社2002年中文第2版，第194页。

民社会的把握极其近似。黑格尔指出，市民社会以特殊性和外在的普遍性为原则。① 特殊性的原则被马克思表述为利己主义（selfishness，即以特殊的人本身为目的）；外在普遍性的原则被马克思表述为实际需要（practical need，即每个人要满足自己的需要都必须以他人为中介）。从自私自利和实际需要出发，马克思直接推导出货币拜物教。因为如果人们分别只从自己的特殊利益出发来展开人与人之间的普遍联系，那么人与人之间的关系就只有通过一个外在的、普遍的中介才能达成，人也就必须使自己处于这个外在的中介的统治之下。"在利己的需要的统治下，人只有使自己的产品和自己的活动处于异己本质的支配之下，使其具有异己本质——金钱——的作用，才能实际进行活动，才能实际生产出物品。"② 马克思在这里明确指出，这个外在的中介就是金钱，它成了人的异己的本质。

4. 现代国家的必然衰落

货币拜物教的普遍流行将导致那种抽象的政治意识的衰退。"金钱是以色列人的妒忌之神；在他面前，一切神

---

① 参见黑格尔：《法哲学原理》，范扬、张企泰译，商务印书馆1995年，第197页。
② 《马克思恩格斯全集》第3卷，人民出版社2002年中文第2版，第197页。

都要退位。"①马克思之所以下此论断,是因为"金钱是人的劳动和人的存在的与人相异化的本质"②。这种异化的本质是一种现实的力量,与抽象的上帝和抽象的国家相比,它所带来的是对人的实际统治。因此,在它的统治之下,抽象的上帝和抽象的国家就会自然失去其作为绝对的意义。在北美社会,马克思为自己的这一论断找到了直接的确证:"在北美,犹太精神对基督教世界的实际统治已经达到明确的、正常的表现:布讲福音本身,基督教的教职,都变成了商品,破产的商人讲起了福音,富起来的福音传教士做起了买卖。"③这一现象表明,货币拜物教的普遍流行将彻底摧毁现代宗教精神,同时被摧毁的还有这一宗教精神与现代国家之间的遥相呼应关系。从这个角度看,我们可进一步推论,前文中提到的那种抽象的政治意识(认政治生活为真实生活)将注定衰落。

当货币拜物教普遍流行,现代国家将彻底沦为市民社会的工具。"基督教起源于犹太教,又还原为犹太教。"④

---

① 《马克思恩格斯全集》第3卷,人民出版社2002年中文第2版,第194页。
② 《马克思恩格斯全集》第3卷,人民出版社2002年中文第2版,第194页。
③ 《马克思恩格斯全集》第3卷,人民出版社2002年中文第2版,第193页。
④ 《马克思恩格斯全集》第3卷,人民出版社2002年中文第2版,第196页。

根据上下文，我们知道这句话中的前一个犹太教指历史上的犹太教，后一个犹太教指货币拜物教。历史上的基督教起源于更早的犹太教，在基督教精神的统治之下，有了现代国家，有了市民社会。但随着市民社会的充分发展，货币拜物教在市民社会中获得了普遍统治，它反过来摧毁了现代的宗教精神和人们的政治意识。作为这一发展过程的必然结果，现代国家丧失了相对于市民社会的超越性，沦为市民社会的纯粹工具。

论述至此，马克思就把"犹太人问题"的具体内涵和导致"犹太人问题"的现实原因全部解析清楚。以现代国家发展得最为完备的北美社会为背景，马克思指出"犹太人问题"有双重内涵。它一方面意味着市民社会中的人们依然信仰宗教，受宗教异化的束缚；另一方面更意味着市民社会中的个体在其实际行动中是货币拜物教徒，其行动受"物"的形式的异化的束缚。导致前者的原因是政治解放的内在局限性，导致后者的原因是市民社会中人们的实际生存境况。通过对"犹太人问题"的解析，马克思同时还对现代国家与市民社会之间的关系进行了重解。马克思强调指出，现代国家与市民社会之间不会停留于简单的分离和对立，其关系的根本发展趋势是现代国家将促成市民社会的充分发展，市民社会的充分发展将导致现代国家反过来被市民社会吞没。因此，如要在根本上解决"犹太人问题"，最要紧的不是政治解放（建立现代国家），而是人的解放。

（四）人的解放

马克思在上、下篇的结尾处都明确指出，人的解放是解决问题的根本道路。关于人的解放的具体内涵，马克思在文中主要提到了三个方面：人的解放是对政治解放的内在局限性的彻底克服，是对异化的彻底克服，它要求取消私有财产和取消国家。

1. 对政治解放的内在局限性的彻底克服

马克思在上篇中已明确指出，政治解放具有内在局限，它只能以政治的方式实现人的自由，它所带来的是现代国家与市民社会之间的分离、对立，是发生在每一个人身上的个体存在与类存在的差异。针对政治解放的如此局限，马克思强调指出人的解放是对现代国家与市民社会之间的对立的取消，是对人体存在与类存在之间差异的克服。"只有当现实的个人把抽象的公民复归于自身,并且作为个人,在自己的经验生活、自己的个体劳动、自己的个体关系中间,成为类存在物的时候,只有当人认识到自身'固有的力量'是社会力量,并把这种力量组织起来因而不再把社会力量以政治力量的形式同自身分离的时候,只有到了那个时候,人的解放才能完成。"[1]马克思在这里直接将人的解放与政治解放相对比:政治解放是对传统社会的去政治化,它使社会与国家相分离,以政治力量的形式使人固有的社会力量与人的个体存在相分离。其积极成果是在市民社会内对人的个体存在的承认,其消极结果是使人的个体存在与人的社会存在或共同体存在相分离。人的解放则是对政治解放的进一步扬弃,它致力于实现人的个体存在与人的社会存在的直接统一。这就要求取消现代国家与市民社会之间的分离,要求原来由政治国家所代表的人的社会存在(或类存在)能够在市民社会领域中、在现实的个人的经验存在中得到具体实现。

马克思坚持人的解放的立场,他因此在对待现代世界的基本态度上与黑格尔之间存在着重大差异。正如马克思

---

[1] 《马克思恩格斯全集》第3卷,人民出版社2002年中文第2版,第189页。

在《黑格尔法哲学批判》中指出，黑格尔认为现代世界的最伟大成就是市民社会领域的独立发展，它意味着对人的主观自由原则的承认。黑格尔的法哲学在根本上就是要在坚持市民社会与现代国家之间的分离的前提之下解决二者之间的对立问题。在黑格尔那里，一方面现代国家和市民社会是两个相互分离、相对独立的社会行动领域，另一方面，国家同时又是市民社会的前提和目的。与黑格尔相对立，马克思的人的解放的立场则要求取消市民社会和现代国家之间的分离，致力于在一个社会领域中直接实现人的个体存在和社会存在（或共同体存在、类存在）的同一。

2. 对异化的彻底克服

根据马克思的相关论述，我们可以清楚地看到，人的解放不仅意味着对政治解放的内在局限性的克服，它同时更是对异化的彻底克服。"任何解放都是使人的世界和人的关系回归于自身。"[1] 此时的马克思与鲍威尔等青年黑格尔派的思想家们一样，认为解放就是对异化的克服，是使我们从异化的状态中返回自身。但他在对解放的具体内涵的理解上又与鲍威尔根本不同，鲍威尔所看到的只有在犹

---

[1]《马克思恩格斯全集》第3卷，人民出版社2002年中文第2版，第189页。

太教和基督教等抽象宗教那里所存在的宗教异化,他认为犹太人的解放就是从这种宗教异化中的解放,并相信可以通过现代国家立法来废除宗教特权的方式实现这种解放。马克思对异化的理解远比鲍威尔要复杂和深刻,马克思强调指出真正重要的不是在抽象宗教那里所存在着的宗教的异化,而是在现代世界中实际存在着的政治异化和社会异化。前者指以政治力量的方式使人的社会力量与人的个体存在相异化,它的具体表现形式是现代国家和市民社会的分离;后者指在市民社会中使人的社会力量以独立的货币的方式存在,使它与人的个体存在相分离,并掌控着人的个体存在,其具体表现形式是在市民社会中盛行的货币拜物教。马克思认为,人的解放是对这三重异化的彻底克服,它意味着通过取消国家与社会的分离来克服政治异化,通过取消私有财产来克服社会异化,并在此基础之上彻底取消宗教异化。

从这个角度看,可以说马克思在本文中所提出的人的解放的立场与他在《〈黑格尔法哲学批判〉导言》中所提出的彻底的宗教批判的立场完全一致。针对以费尔巴哈为代表的青年黑格尔派的宗教批判,马克思在《〈黑格尔法哲学批判〉导言》中明确提出彻底的宗教批判。他强调真正重要的不是对抽象宗教的批判,而是对产生了宗教的现实世界的批判。后者意味着对于现代国家和市民社会的批判,更进一步地说,是对于在现代国家和市民社会中所存在着的政治异化和社会异化的批判和克服。

3. 取消私有财产和国家

关于人的解放的具体途径,马克思在本文中尚未有充分的展开,他只是分别提到了取消国家和取消私有财产。针对现代国家和市民社会的相互分离以及人的个体存在和共同体存在的相互分裂,马克思强调人的解放要求我们"不再把社会力量以政治力量的形式同自身分离。"[1] 这就意味着取消政治国家,国家不再以与社会相互分离的方式独立存在,取而代之的是一个唯一的社会,在社会中人的个体经验存在和类存在直接同一。针对在市民社会中盛行的货币拜物教,马克思指出人的解放要求我们对社会本身进行变革,要求取消私有财产以及由私有财产所带来的人与人之间的普遍的交换关系。"社会一旦消除了犹太精神的经验本质,即经商牟利及其前提,犹太人就不可能存在,因为他的意识将不再有对象,因为犹太精神的主观基

---

[1] 《马克思恩格斯全集》第3卷,人民出版社2002年中文第2版,第189页。

础即实际需要将会人化,因为人的个体感性存在与类存在的矛盾将被消除。犹太人的社会解放就是社会从犹太精神中解放出来。"[1] 马克思在这里明确指出,要取消"犹太精神"对市民社会中人的普遍掌控,就必须取消"犹太精神"的经验本质,即人与人之间的普遍交换关系(做生意)以及它的前提(人与人的分离,即私有财产关系)。换言之,取消了人与人之间的分离(私有财产关系),就不会有普遍的交换关系,就不会有金钱作为一种外在力量对于人的掌控,就不会有货币拜物教("犹太精神")。这是对犹太人的社会解放,也是对市民社会中所有个体的社会解放,它带来的是市民社会的彻底变革。

综上所述,《论犹太人问题》从对"犹太人问题"实质的重新界定入手,其核心内容是对现代国家和市民社会的双重批判。透过这双重批判,马克思一方面洞见到了现代国家与市民社会之间关系的基本发展趋势,另一方面也指出了彻底解决"犹太人问题"的根本道路。

---

[1] 《马克思恩格斯全集》第3卷,人民出版社2002年中文第2版,第198页。

三、理论贡献

关于《论犹太人问题》的思想史地位,我们主要可以从两个角度进行考察。一是从马克思思想发展史的角度看,《论犹太人问题》是马克思早期政治思想的主要文献之一,是马克思思想转型时期的重要文本,是其走向政治经济学批判道路上一个重要环节。二是从犹太人问题研究史的角度看,马克思的《论犹太人问题》是关于犹太人问题的重要经典文献之一,关于它的理论贡献一直有多种不同评价。

(一)《论犹太人问题》在马克思主义哲学发展史上的地位

《论犹太人问题》以对政治解放的内在限度的批判为

核心，是马克思思想发展过程中的重要文本。从马克思的政治立场转变的角度看，《论犹太人问题》是马克思早期的重要政治文献之一，它标志着马克思开始从激进民主主义的立场向共产主义立场转变。从马克思走向政治经济学批判的具体历程来看，《论犹太人问题》是马克思走向政治经济学批判道路上的一个重要环节，经由《论犹太人问题》，马克思开始明确地把理论重心从对现代国家和政治哲学的批判转为对市民社会和政治经济学的批判。

1.《论犹太人问题》与马克思政治立场的转变

从马克思政治立场转变的角度，我们一般把马克思的政治著作分为早期和晚期。早期的政治著作主要指1848年《共产党宣言》发表之前的文章、著作和手稿，这些著作体现了马克思从激进民主主义转向共产主义的具体过程；晚期的政治著作主要指《共产党宣言》以及在1848年之后完成的政治著作，这些著作或者是对共产主义立场的正面阐述以及对各种错误政治思潮的批判，或者是从历史唯物主义的立场出发对波拿巴政变、巴黎公社等历史性的政治事件的具体分析。也就是说，早期政治著作主要指马克思的政治立场转型之前和转型过程中的著作，晚期的政治著作则是其政治立场转型之后的著作。在马克思的早期政治著作中，最重要的是马克思生前没有公开发表的三本书稿（即，《黑格尔法哲学批判》《1844年经济学哲学手稿》和《德意志意识形态》）和公开发表的三篇文章（即，发表于《德法年鉴》上的《论犹太人问题》《〈黑格尔法哲学批判〉导言》和1844年8月发表于《前进报》上的《评一个普鲁士人的〈普鲁士王和社会改革〉一文》）。这三本书稿和三篇文章呈现出了马克思政治立场的具体转型过程。

概要地说，马克思政治立场的转型过程主要有三个步骤，《论犹太人问题》是代表第三个步骤的重要文献。第一步是早年采取激进民主主义的政治立场。我们在第一章中曾经提到，马克思在柏林大学求学期间，受到以鲍威尔为代表的青年黑格尔派宗教批判思想的强烈影响。在青年黑格尔派宗教批判思想的直接影响之下，马克思在哲学上倾向于自我意识哲学的立场，在政治上持有激进民主主义的立场。马克思在担任《莱茵报》主编时期所发表的那些政论性的文章，就是对这种激进民主主义的政治立场的集中体现。该立场的核心内涵在于，它不仅在理论上对宗教进行批判，更在政治上对落后的普鲁士制度进行批判，要求现代理性国家在德国的实现。

第二步是对激进民主主义立场的反思。马克思退出《莱茵报》之后，在克罗兹那赫时期开始对这一政治立场进行反思。根据马克思在克罗兹那赫时期所留下的手稿和笔记，我们可以看到马克思此时的研究同时在现实和理论两个层面展开。在对现实的研究方面，马克思开始集中研究法国大革命，并同时开始阅读关于美国社会的著作。无论是对法国大革命的研究，还是对美国社会的阅读，都是对现代政治本身的重新思考。法国大革命带来了现代政治，所以要通过研究法国大革命来理解政治革命的核心内涵；美国社会是在没有任何历史包袱的条件下对现代政治的充分实现，所以要通过了解美国社会来看清楚现代政治本身究竟是否有内在局限性。在对理论的研究方面，马克思开始对黑格尔的法哲学（尤其是国家哲学）进行集中批判，指出黑格尔虽然已经看到了现代国家所面临的问题（即现代国家与市民社会之间的分离和对立问题），并试图在理论上解决这个根本性的问题，但黑格尔给出的解决道路却是无效的。

第三步是对政治解放道路的具体批判和对解决问题新道路的探索。在对政治解放道路的批判方面，最重要的文本就是《论犹太人问题》。《论犹太人问题》以美国社会为现实参照，针对现代政治最完备的形态，具体揭示现代政治的内在缺陷。概括地说，马克思的批判主要沿着三个层次递进展开：第一，现代国家具有高度的抽象性，它只能在市民社会分离的条件下在国家的领域坚守普遍性，因而它从一开始就只是对问题的抽象解决，不是对现实问题的实际解决；第二，现代国家虽然声称以人为目的，但实际上只是以市民社会中个体的权利为目的，必将带来市民社会的充分发展；第三，一旦市民社会在国家的支撑之下获得了独立地位和充分发展，市民社会中的个体就会被以货币形式出现的一种独立的社会力量所掌控，并沦为货币拜物教徒。进一步延伸，这就是说市民社会中的个体将不再相信国家是以普遍性为原则，在市民社会内部的残酷竞争中获胜的强者将会进一步绑架国家来维系其优势地位。也就是说，现代国家注定陷落，沦为市民社会中强者用来维系其既有地位的工具。马克思紧接着在《〈黑格尔法哲学批判〉导言》中，进一步结合德国社会的实际状况而明确指出，政治解放不仅具有内在局限性，而且德国也不具备任何实现政治解放的现实条件。面对德国的实际情况，如果不切实际地主张政治解放，要求现代理性国家的实现，无论其词句如何激烈，最终只能停留于对现存社会秩序的不触动、不改变。① 至此，马克思就彻底走出了以鲍威尔为代表的青年黑格尔派的激进民主主义立场。

在对解决问题的新道路的探索方面，《论犹太人问题》也是开端。通过重解市民社会与现代国家之间的关系，马克思在该文中对解决问题的新道路主要给出了三方面的提示：第一，解决问题的真正场所在市民社会。根据马克思的阐释，市民社会与现代国家之间的发展趋势是，现代国家必将带来市民社会的充分发展，市民社会的充分发展又必将导致现代国家被市民社会所吞噬。因此，解决问题的真正场所不在国家而在市民社会，在于对市民社会本身的革命。第二，对市民社会的革命必然要求对私有财产关系的取消。根据马克思的分析，市民社会中的人与人之间的关系主要是私有财产关系，在私有财产关系的规定之下，市民社会中人的普遍生存境况是自私自利（每个人都以自我利益为原则）和实际需要（每个人同时又必须与他人发生普遍交换的关系）。正是因为有这样的现实前提，货币在市民社会中才会成为人们展开社会关系的唯一中介，市民社会中人才会沦为货币拜物教徒。因此，要解决市民社

---

① 参见马克思：《〈黑格尔法哲学批判〉导言》，《马克思恩格斯全集》第3卷，人民出版社2002年中文第2版，第210—212页。

会的问题，就必须彻底取消私有财产关系。第三，对市民社会的革命同时也意味着取消市民社会和国家之间的分离。根据马克思的判断，现代国家之所以从一开始就只能抽象地解决问题，是因为现代国家与市民社会相分离。因此，要真正超越政治解放的局限性，就必须消除市民社会与国家之间的分离，使人在其直接的感性存在中就达到类存在的高度。马克思在《〈黑格尔法哲学批判〉导言》中对此又做了进一步的补充。如果说《论犹太人问题》已经提示我们，解决问题的道路必须是以取消私有财产为内涵的对市民社会本身的革命，那么《〈黑格尔法哲学批判〉导言》则补充强调，这是一条切实可行的现实道路。以落后的德国社会为直接背景，马克思强调指出在德国这样的后发国家，由于多重社会矛盾的同时存在，现代社会本身的问题以更加剧烈的方式被产生出来。在工业运动的背景之下，德国社会出现了极其严重的贫困问题，德国无产阶级已经产生。无产阶级是不属于市民社会的市民社会阶级，它代表着私有财产关系的消亡，代表着《论犹太人问题》所提出的人的解放道路的现实性。[①]

[①] 参见马克思：《〈黑格尔法哲学批判〉导言》，《马克思恩格斯全集》第3卷，人民出版社2002年中文第2版，第213—214页。

论述至此，我们可以看到《论犹太人问题》是马克思政治立场转变过程中的重要文本。一方面，通过对政治解放的内在局限性的批判，马克思彻底超越了激进民主主义的立场；另一方面，通过提出对市民社会本身的革命的想法，马克思已经开始了向无产阶级革命和共产主义立场转变的过程。1844—1848年间，马克思的思想经历了一系列重要发展才最终完成了这一转变。

2.《论犹太人问题》与马克思走向政治经济学批判的道路

从马克思走向政治经济学批判的道路来看，《论犹太人问题》也是其中的一个重要环节。关于马克思走向政治经济学批判的道路，马克思本人在1859年的《政治经济学批判序言》中有简要交代。马克思在那里主要提到了三个步骤：第一，《莱茵报》时期遇到了关于物质利益问题和法国社会主义思潮问题的双重难题；第二，为解决难题开始对黑格尔法哲学进行重新研究，完成了第一本著作《黑格尔法哲学批判》，并摸索到了通过对政治经济学进行批判来展开对市民社会的解剖的思路；第三，从巴黎开始研究政治经济学，到1845年在布鲁塞尔与恩格斯合作写出《德意志意识形态》，他们的政治经济学批判已经取得了重要成果，确立了历史唯物主义的基本理论。[①] 与马克思的这一简要描述相参照，我们可以看到《论犹太人问题》和《〈黑格尔法哲学批判〉导言》在时间上都属于第二个步骤，正是在《论犹太人问题》中马克思明确提出了市民社会批判的理论任务。

首先，《论犹太人问题》是对现代国家与市民社会之间关系问题的直接回答。我们在第一章中曾提到，马克思的《黑格尔法哲学批判》是对黑格尔关于现代国家与市民社会之间关系理论的直接反驳。马克思一方面高度评价黑格尔的重要贡献，因为他抓住了现代世界的根本问题，即现代国家和市民社会之间的分离与对立问题。黑格尔已经正确指出，不能停留于现代国家与市民社会的分离与对立，因为没有国家对市民社会的统摄，市民社会无法自我维系。马克思另一方面又同时从总体性批判和具体性批判这两个层次对黑格尔的理论进行了批驳。马克思强调指出，现代国家与市民社会之间根本不存在黑格尔所说的从现代国家到市民社会再到现代国家的三环节式关系。这也就是说，黑格尔的国家哲学根本没能指出解决问题的道

[①] 参见马克思：《〈政治经济学批判〉序言》，《马克思恩格斯选集》第2卷，人民出版社2012年中文第2版，第1—4页。

路,我们现在必须重新面对现代国家与市民社会之间的分离与对立这个根本性的难题。如此,《黑格尔法哲学批判》就留下了一个重要的理论问题,即现代国家与市民社会之间的关系究竟会怎样发展?

其次,《论犹太人问题》通过重解现代国家和市民社会之间的关系问题而明确提出市民社会批判的任务。我们在第二章中曾提到,马克思在《论犹太人问题》中以美国社会为参照,对现代国家与市民社会之间关系的发展趋势进行了重解,马克思给出了另一个三环节式的发展理论。先是政治革命带来现代国家和市民社会的分离;再是现代国家通过立法来确保市民社会中个人的权利,带来市民社会的充分发展;最后是市民社会的充分发展导致人们政治意识的丧失,从而使现代国家沦为市民社会的工具。根据这一新的理论,市民社会不仅决定着市民社会与现代国家之间关系的发展趋势,它同时也是解决问题的真正场所。因此,市民社会批判才是理论的首要任务。

正因为《论犹太人问题》通过重解现代国家与市民社会之间的关系,已经明确提出了市民社会批判的任务,马克思接下来才会把理论重心转移到政治经济学批判,并通过政治经济学批判来展开对市民社会的解剖。也就是说,虽然马克思在1859年的《政治经济学批判序言》中没有专门提到《论犹太人问题》，但《论犹太人问题》与《黑格尔法哲学批判》一样，也是马克思走向政治经济学批判之路上的一个重要文本。经由《论犹太人问题》，马克思才明确地把理论重心从现代政治和法哲学批判转移到市民社会和政治经济学批判。

（二）《论犹太人问题》在犹太人问题研究史上的地位

1. 不同评价

马克思的《论犹太人问题》同时也是对19世纪40年代德国社会的"犹太人问题"的直接回应。马克思在文中从犹太人的解放问题入手，分析了导致犹太人问题的现实根源，指出了解决犹太人问题的根本道路，并同时对当时社会上流行的一些主流观点进行了批判和回应。正因如此，《论犹太人问题》在犹太人问题研究史上具有重要地位，它被持不同立场的学者共同关注，成为犹太人问题研究史上的一个富有争议性的文本。接下来我们将通过概要介绍对《论犹太人问题》的四种不同评价来说明该文献在犹太人问题研究史上的地位。

根据意大利学者恩佐·特拉维索的总结,对于马克思关于犹太人问题的立场,主要有来自于三个不同立场的不同评价:"第一种是对《论犹太人问题》的神学解读,它把犹太教弥赛亚主义看作是马克思主义的一种构成性要素,虽然这是一种隐含的、看不见的要素;第二种解读认为马克思——至少是青年马克思——是一个反犹主义者;第三种解读则刚好相反,它把1843年的《论犹太人问题》看作是对犹太人问题进行科学研究的出发点。"[1]

第一种立场以卡尔·洛维特为代表,洛维特在他的著作《历史中的意义:历史哲学的神学含义》[2]中指出,我们可以在马克思的历史观中找到来自于其犹太背景的弥赛亚主义要素。他进一步指出,在马克思主义思想和犹太-基督教神学之间存在着多方面的相互呼应之处,马克思主义和犹太-基督教神学在根本上都是一种目的论的历史观。

---

[1] Enzo Traverso, *The Marxists and the Jewish Question: The History of a Debate (1843-1943)*, trans. Bernard Gibbons, New Jersey: Humanities Press International, Inc., 1994, p.13.

[2] See Karl Löwith, *Meaning in History: the Theological Implication of the Philosophy of History*, Chicago: University of Chicago Press, 1949.

简要地说，这种神学的解读主要有两大缺陷：一是它忽略了马克思本人的宗教批判的立场。马克思终其一生一直坚持对宗教进行批判，即使他在1843—1845年间逐渐超越了青年黑格尔派的宗教批判思想，他对宗教进行批判的立场一直没有改变。马克思的唯物史观不是来源于对犹太思想的世俗化，而是来源于对现代资本主义社会的分析和批判。二是它忽略了马克思本人的时代背景。马克思虽然是犹太裔，但他生长在针对犹太人的同化政策刚刚开始出现的时代，他的父亲已经改信路德宗新教，马克思是在启蒙文化的环境中长大，没有对犹太教的认同。

第二种解读以利昂·波利亚科夫等人为代表，利昂·波利亚科夫在《反犹主义的历史》①一书中指出马克思是"犹太人的反犹主义"（Jewish Anti-Semitism）②的创始人。

---

① Léon Poliakov, *The History of Anti-Semitism*, trans. Richard Howard, New York: Schocken Books, 1974.
② "犹太人的自我仇恨"（Jewish self-hatred）这个说法来源于德国的犹太人哲学家特奥多尔·莱辛（Theodor Lessing），莱辛于1930年在柏林出版了《犹太人的自我仇恨》一书。虽然莱辛本人并没有用这个概念来指称马克思的立场，后来却有很多学者开始从犹太人的自我仇恨的角度来解读马克思的立场。更多内容可参见 Enzo Traverso, *The Marxists and the Jewish Question: The History of a Debate (1843-1943)*, trans. Bernard Gibbons, New Jersey: Humanities Press International, Inc., 1994, p.28 (Note 11)。

他的观点主要针对《论犹太人问题》的下篇，马克思在下篇中指出犹太教的世俗基础是自私自利和实际需要，犹太人的世俗礼拜是经商牟利，犹太人的宗教实际上就是货币拜物教。利昂·波利亚科夫认为这是一种典型的反犹主义的偏见，它表达的是"犹太人的自我仇恨"（Jewish self-hatred）。① 简单地说，这种反犹主义的解读也有两大缺陷：一是，这是一种典型的犹太中心主义的历史观。它把反犹主义看作是犹太人与非犹太人之间的唯一可能关系，把"不信仰犹太教的犹太人"都看作是犹太人的叛徒。二是，它没有认识到马克思的立场与一些社会主义者的反犹主义立场之间有根本差异。在马克思的时代，以普鲁东为代表的法国社会主义者持反犹主义的立场，马克思的立场与之正相对立，马克思主张彻底同化的立场，主张彻底取消人与人之间的分离和对立。

第三种解读是马克思主义的解读。在工人运动的历史上，一直有一种主导性的观点，以梅林、卢森堡等人为代

---

① Léon Poliakov, *The History of Anti-Semitism*, trans. Richard Howard, New York: Schocken Books, 1974.转引自 Enzo Traverso, *The Marxists and the Jewish Question: The History of a Debate (1843-1943)*, trans. Bernard Gibbons, New Jersey: Humanities Press International, Inc., 1994, p.15.

表，该观点认为《论犹太人问题》是对犹太人问题进行科学分析的开端。一方面，马克思从犹太人的实际生存条件出发，把握住了犹太人问题的现实根源；另一方面，马克思因此也找到了解决犹太人问题的现实出路。针对这一主导性的观点，一些当代的马克思主义学者提出了批评，其中最具代表性的就是恩佐·特拉维索。他在《马克思主义者与犹太人问题》一书中，试图从马克思主义的角度对《论犹太人问题》的理论贡献进行重新评价，对这种主导性的评价进行修正和补充。

恩佐·特拉维索指出，马克思在《论犹太人问题》的下篇把犹太人问题的现实根源归结为市民社会中人的实际生存境况，即人与人之间相互分离。以此为基础，马克思进一步把犹太人问题与市民社会问题相同一，把犹太人的解放与人的解放相同一。针对马克思的这一思路，恩佐·特拉维索认为《论犹太人问题》在理论上具有两大缺陷：一是，它之所以会把犹太人问题与市民社会问题相同一，是因为它在立场、观点和方法上都尚未达到马克思主义的高度。二是，它之所以会把犹太人的解放和人的解放相同一，是因为它没有把握住犹太人问题本身的独特规定性。①

具体来说，第一重缺陷是指马克思此时既没有达到对资本主义社会的本质特征的把握，也没有达到对犹太人在资本主义社会生成过程中的真实处境的认识。马克思此时直接从流通领域入手来把握资本主义社会的根本特征，并因此断定货币拜物教是市民社会的真精神。这说明还没能达到对资本主义生产方式的理解，还没有能够从生产出发来把握整个资本主义社会。马克思此时认为伴随着从封建社会向资本主义社会的转型，犹太人的社会地位得到了大大提升，这与历史事实不符。在早期资本主义社会生成之时，犹太人在社会上的地位被新兴的资产阶级取代，犹太人被排斥，只能成为小商贩或逃往东欧。这是当时的犹太人问题的真实背景。在19世纪40年代以后，在同化政策的影响下，犹太人才大规模地城市化，他们才开始在工商业和金融业领域获得重要地位。

第二重缺陷是指，马克思此时受启蒙文化的影响，停留于对同化立场的过分强调。马克思强调，对市民社会的

---

① 参见 Enzo Traverso, *The Marxists and the Jewish Question:The History of a Debate (1843–1943)*, trans. Bernard Gibbons, New Jersey: Humanities Press International, Inc., 1994, pp. 17–22.

解放就是对所有人的解放，包括对犹太人的解放。这种立场在根本上是把犹太教和犹太文化当作是一种反常现象，希望通过彻底的同化来消除这种反常现象。以马克思为代表，基本上后来的所有致力于解放事业的犹太知识分子都持这种激进的同化立场。从源头来看，这一立场开始于由门德尔松领导的"犹太启蒙运动"，又称作"哈斯卡拉运动"（HASKALAH）。犹太启蒙运动强调对犹太教进行现代化和理性化，主张同化的道路。以马克思为代表的这批犹太知识分子是犹太启蒙运动的结果，但他们已经不再承认自己是该运动的传人，因为门德尔松主张保留犹太人的身份，而马克思他们则主张普遍的人的解放就是对犹太人的解放。特拉维索同时也指出，马克思的思想之所以有此局限性，是受时代的限制。当时在中、西欧犹太人正在追求被同化、被解放；在东欧犹太人依然处于被排斥、被隔离和被压迫的状态，意第绪语文化还没有得到任何发展。所有这些时代条件都限制了马克思对犹太人问题的认识，使他没有认识到犹太人问题本身的特殊规定性。

2. 重要贡献

论述至此，我们可以看到《论犹太人问题》在犹太人问题研究史上的确是一个富有争议性的文本，既有来自于神学、犹太中心主义和马克思主义三大立场的不同评价，又有在马克思主义立场之下的两种不同评价。为更好把握《论犹太人问题》的理论贡献和时代局限性，我们可以把《论犹太人问题》放在犹太人问题的历史背景之下来理解。

从大的背景来看，犹太人问题产生于传统社会向早期资本主义社会的转型。在商业资本主义兴起之前，犹太人由于没有自己的国家，没有自己的土地，基本上都从事商业（商人或放贷人）。伴随着商业资本主义兴起，这些犹太人逐渐失去了其在商业上的地位，他们或者在西欧国家被同化，或者被排挤到比较落后的东欧。在这一大的背景之下，中、东欧国家的犹太人问题，前后有两个不同版本。第一个版本是19世纪40年代的犹太人问题，第二个版本是从19世纪末再度开始出现的犹太人问题。马克思只看到了第一个版本的犹太人问题：此时的中欧国家正处在社会转型时期，以普鲁士为例，国家针对犹太人的同化政策刚刚开始施行，社会上对犹太人问题有大量争论（主要是反对同化的保守派和主张同化的开明派之间的争论），政府在对待犹太人问题的态度上也有反复和变动。鲍威尔和马克思正是在此背景之下开始讨论犹太人问题，他们在根本上都属于同化的道路，但在对同化道路的具体内涵的理解上又各有不同。

持启蒙立场的开明犹太知识分子要求赋予犹太人以平等的公民身份，但不同时要求犹太人放弃对犹太教的信仰；鲍威尔反对开明犹太知识分子的主张，他一方面要求对落后的基督教国家进行变革，另一方面也同时要求犹太人放弃对犹太教的信仰。他强调只有在这双重条件都具备的情况下，才可能有对犹太人的同化；马克思反对鲍威尔的主张，他在《论犹太人问题》中同时对开明犹太知识分子的立场和鲍威尔的立场进行批判。马克思一方面认为在现代国家的条件之下完全有可能让犹太人既不放弃对犹太教的信仰，又在政治上享有与其他公民一样的平等地位。另一方面，马克思更加强调这条政治解放的道路（或开明犹太知识分子们所主张的同化道路）不能真正解决犹太人问题。在政治解放的条件下，人们在市民社会中处于相互分离和对立的关系中，没有真正的类生活。在此背景之下，人们不仅不可能真正超越宗教的立场，而且在对宗教的信仰上还会从对基督教的信仰下降到对金钱（在市民社会中实际起支配作用的力量）的崇拜。马克思强调，在现代社会的条件下，犹太人的问题在根本上是市民社会中所有人的问题，犹太人问题的解决方式只能是对市民社会本身的解放。也就是说，同化道路必须被落实为以变革市民社会本身为内容的人的解放的道路。

概括地说，马克思此时的确尚未深入到对资本主义社会内在的结构性矛盾的认识，也未能看到19世纪末以后犹太人问题的新发展以及资本主义与20世纪的纳粹反犹主义之间的内在关联。但通过把马克思的观点与鲍威尔和持启蒙立场的开明犹太知识分子的观点相比较，我们就能清楚地看到，马克思在这里已经指出了一个新的研究方向，即从现代资本主义社会出发来理解犹太人问题的来龙去脉。我们可以从《论犹太人问题》这个文本出发，跟着马克思的思想步伐，去进一步认识资本主义社会的内在矛盾，再进一步把握资本主义与19世纪末再度出现的反犹主义之间的内在关联。

四、现实意义

马克思的《论犹太人问题》写作于1843—1844年,它既是对19世纪40年代中欧国家犹太人问题的直接回应,更是对现代政治的内在局限性的深入思考和对市民社会的有力批判。直至今天,《论犹太人问题》已经公开发表170多年,在这170多年里资本主义经过长足发展,犹太人问题又有了新的内涵,中国等非基督教背景的国家走上了现代化的道路。面对所有这些重大历史变化,我们在当代的语境中重新阅读《论犹太人问题》,可以发现《论犹太人问题》的相关重要思想对于我们正确地认识当代社会现实依然具有重要意义。简要地说,我们主要可以从四个不同的角度对《论犹太人问题》的现实意义进行分析:对现代政治的批判性分析、对资本主义的宗教性质的批判、对犹太人问题的现实根源和解决道路的分析、对探讨中国现代化道路的启示。

（一）对现代政治的批判性分析

马克思在《论犹太人问题》中明确断定，犹太人问题在根本上是政治解放的局限性问题，并由此展开了对现代政治的集中批判。马克思当时是以美国社会为现实参照来分析现代政治的脆弱性和局限性，马克思的这些分析在当下依然具有重要意义，它一方面可以帮助我们超越自由主义政治哲学的理论局限性，另一方面也可以帮助我们更好地认识现代政治与宗教之间的复杂关系。

1. 对自由主义政治哲学的人权理论的批判

马克思在《论犹太人问题》中，针对鲍威尔在人权问题上的错误主张，提出了著名的人权理论批判思想。概要地说，马克思的批判主要包括两个层次的内容：第一是明确指出人权的实际内涵只是市民社会中成员的权利。通过依次考察"自由""财产""平等""安全"这四种人权的具体内涵，马克思明确指出人权实际上仅仅只是市民社会中自私自利的个体的权利："可见，任何一种所谓的人权都没有超出利己的人，没有超出作为市民社会成员的人，即没有超出作为退居于自身，退居于自己的私人利益和自己的私人任意，与共同体分隔开来的个体的人。"① 通过指认人权的具体内涵，马克思直接反对鲍威尔在人权问题上的政治主张。鲍威尔虽然停留在政治解放的立场上考虑问题，但他由于没能正确把握人权的实际内涵反对犹太人可以得到人权。马克思的立场则刚好相反，他明确指出在现代国家的框架之下，犹太人完全可以得到人权，因为人权仅仅只是市民社会成员追求自己的私人利益、实现自己的私人任意的权利。

第二是进一步指出自由主义政治哲学的人权理论是错误的。针对当时在社会上流行的自由主义人权观念，即把政治国家的目的看作是维护和实现人权，马克思对这种自由主义政治哲学的人权观念提出了质疑："人权，它本身不同于公民权。与公民不同的这个人究竟是什么人呢？不是别人，就是市民社会的成员。为什么市民社会的成员称作'人'，只称作'人'，为什么他们的权利称作人权呢？我们用什么来解释这个事实呢？只有用政治国家对市民社

---

① 《马克思恩格斯全集》第3卷，人民出版社2002年中文第2版，第184—185页。

会的关系，用政治解放的本质来解释。"① 根据马克思的分析，自由主义政治哲学之所以会把市民社会中自私自利的个体的权利误认作是人权，是因为它没有能够正确认识政治革命和由政治革命所带来的政治国家和市民社会之间的关系。政治革命带来了市民社会和政治国家的分离，市民社会以特殊性为原则，政治国家以普遍性为原则，换言之，所有那些把人区分和分离开来的要素都被保留在了市民社会中。自由主义政治哲学没有认识到政治革命的有限性，提出了自然状态理论来说明市民社会与国家之间的关系。自然状态理论首先把市民社会认作是自然状态，是政治国家得以产生的前提。市民社会中的成员被认作是自然人，市民社会成员的权利被认作是自然权利。自然状态理论接着又进一步把作为其前提的市民社会认作是目的，把市民社会中的人认作是真正的人。这样就有了以自然状态理论为基础的人权理论。

透过马克思对自由主义政治哲学人权理论的批判，我们可以更加准确地把握住自由主义政治哲学的核心要义和根本缺陷。马克思指出自由主义政治哲学构造了一个"市

---

① 《马克思恩格斯全集》第3卷，人民出版社2002年中文第2版，第182页。

民社会—国家—市民社会"的理论框架,即市民社会既是国家的前提,又是国家的目的。在该理论框架之下,自由主义政治哲学进一步提出了"市民—人—公民"(burgher-human-citizen)的理论模型,并用这个模型来论证现代国家的合理性。马克思强调这一理论不仅没能把握住市民社会与国家之间的对立关系,而且还遮蔽了市民社会本身的问题,阻碍我们去进一步认识市民社会本身的自我瓦解趋势。换言之,自由主义政治哲学还远没有达到黑格尔法哲学的水平,还没有认识到市民社会本身无法自我维系。其根本缺陷就在于,它首先预设在市民社会领域有合理的自然秩序(natural order),然后再从这一预设出发来论证现代国家的合理性。一旦这一预设被揭示为是无现实根据的,那么其整个理论框架就再难以维系。

2. 对宗教与政治之间关系的批判性分析

在《论犹太人问题》中,马克思为了说明现代国家与市民社会之间关系的发展趋势,对宗教与政治之间的复杂关系进行了精彩解析,所有这些分析在今天依然具有重要的现实意义。概括地说,关于现代社会中宗教与政治之间的关系,马克思主要分析了它的三方面内涵:第一,现代社会以政教分离为特征,宗教被下放到市民社会领域,成为个人信仰；第二，被下降到市民社会中的宗教，尤其是基督教，具有重要的公民宗教的功能；第三，随着市民社会的充分发展，世俗化将成为必然趋势，世俗化不仅会导致宗教精神的陷落，同时会致使现代国家的衰落。

　　首先是政教分离。关于政教分离，马克思的论述重点不是现代国家是无神论的民主国家，而是宗教被下放到市民社会。用马克思的话来说，即国家被从宗教中解放了出来，但市民社会并没有同时被解放出来。根据这一判断，马克思首先反对鲍威尔的错误观点，鲍威尔主张在现代国家中犹太人不能享有宗教信仰的特权。马克思则强调宗教信仰的权利恰恰是市民社会中成员权利的一项重要内容。但马克思并没有停留于对现代人的宗教信仰自由权利的主张。马克思进一步指出，被下放到市民社会中的宗教实际上起到了把人与人区别和分离开来的功能，它的本质是差异，它是市民社会的精神。"宗教成了市民社会的、利己主义领域的、一切人反对一切人的战争的精神。它已经不再是共同性的本质，而是差别的本质。它成了人同自己的共同体、同自身并同他人分离的表现。"① 也就是说，被下降到市民社会中的宗教仅仅只是个人信仰，是主观任意的

---

① 《马克思恩格斯全集》第3卷，人民出版社2002年中文第2版，第174页。

表现，它说明市民社会中人远未达到普遍性的高度。

其次是公民宗教。根据托克维尔和博蒙对美国社会的观察，马克思敏锐地看到被下降到市民社会中的宗教，尤其是基督教福音派，还具有重要的公民宗教的功能。马克思沿着黑格尔的思路，认为现代国家需要有来自公民对它的主观认同。他在《论犹太人问题》中又特别指出现代国家具有抽象性质，因此公民在政治意识中对国家的认同在性质上类似于信徒在宗教意识中对上帝的认同。以此为基础，马克思进一步解释了在美国社会宗教为什么会有重要的政治功能。现代社会中的宗教由于摆脱了与政治之间的纠缠，能够培育出以普世性和超越性为特征的宗教精神，此种宗教精神可支撑起民众对于抽象的现代国家的认同。今天我们关注马克思在《论犹太人问题》中对宗教的政治功能的思考，不仅是要说明马克思早在19世纪40年代就注意到了公民宗教的问题，更是要指出他对待公民宗教问题的独特立场。马克思通过对公民宗教问题的思考，一方面进一步批判了现代国家的抽象性质，另一方面则洞见到了现代国家之必然衰落的趋势。

最后是世俗化。同样是依托托克维尔和博蒙对美国社会的观察，马克思进一步指出在市民社会中蓬勃发展的宗教必将衰落,现代社会必将世俗化。马克思从市民社会中人的实际生存境况出发,指出市民社会成员必然会走向对货币的崇拜。换言之,马克思断定市民社会的充分发展必然带来对宗教的世俗化。要紧的是,马克思进一步指出,宗教的世俗化将导致现代国家的衰落,因为它将使支撑着人们对国家进行政治认同的宗教精神彻底衰落。

综合马克思对宗教与政治之间关系的分析,可以说马克思既看到了宗教何以支撑现代政治,又预见到了宗教的衰落将必然导致现代政治的衰落。在这一点上,马克思的分析远远超出了政教分离的简单原则,对我们在今天具体分析后世俗时代的宗教与政治关系具有重要意义。

(二)对资本主义的宗教性质的批判

马克思在《论犹太人问题》的下篇明确指出犹太精神是市民社会的真精神,或者说,实践中的犹太教(货币拜物教)在市民社会中取得了普遍的统治。马克思的这一论断直接揭示了市民社会的宗教性质,正是从该论断出发,马克思后来才进一步展开了对资本主义的宗教性质的批判。马克思的这一思想具有重要的理论和现实意义，它一方面把费尔巴哈的人本学宗教批判思想转化成了对市民社会和货币拜物教的批判，另一方面对我们在今天重新理解资本主义的宗教性质也具有重要意义。

1. 从对抽象宗教的批判到对市民社会的批判

马克思在《论犹太人问题》中明确把理论批判的重心从抽象宗教转移到了市民社会。他之所以能够实现这一转移，是因为他对费尔巴哈和赫斯的宗教批判思想进行了延伸和转化。费尔巴哈的《基督教的本质》于1841年出版，费尔巴哈在其中明确提出了人本主义宗教批判思想，该人本主义宗教批判思想对青年马克思产生了强烈影响。马克思在《论犹太人问题》中，直接从人本主义立场出发去同时批判基督教、现代国家（用马克思的话来说，是真正的基督教国家）和实践的犹太教（即在市民社会中普遍盛行的货币拜物教）。人本主义的宗教批判认为，宗教的本质是人的本质的异化，宗教源于人的自我投射（self-projection）。经过自我投射，人创造了绝对，并反过来被这个人造的绝对所统治。马克思在《论犹太人问题》中对费尔巴哈的人本主义宗教批判思想进行了双重意义上的发展，首先是对费尔巴哈的基督教批判思想做了延伸，把它延伸到对现代国家和实践的犹太教的批判。马克思认为，正如上帝的本质是人的本质的异化，现代国家的本质也是人的本质的异化。人把自己的类本质投射到与市民社会相互分离的现代国家之上，从而使现代国家具有了统治市民社会的权力。马克思还认为，实践的犹太教（即货币拜物教）也是人的自我异化，人把自己的类本质投射到由人手所造的货币之上，从而沦为了拜物教徒。其次是对费尔巴哈的人本学宗教批判思想做了转化，马克思强调真正重要的是从对基督教的批判转移到对现代国家的批判，并更进一步从对现代国家的批判转移到对实践的犹太教的批判。我们的批判重心之所以必须有这样的转移，是因为现代国家已经用政治的形式扬弃了基督教，市民社会的充分发展又导致现代国家失去了相对于市民社会的目的性地位。因此，真正的宗教统治是发生在市民社会中的货币拜物教对所有人的统治。

与此同时，马克思还受到了赫斯的直接影响，他在《论犹太人问题》的下篇中阐述的一些观点是对赫斯的相关观点的直接呼应。1843年，赫斯完成了《货币的本质》，[①]

[①] Moses Hess, "*the Essence of Money*", Source: *Rheinische Jarhrbücher zur gesellschaftlichen Reform*, Darmstadt, 1845, Trans. Adam Buick, https://www.marxists.org/archive/hess/1845/essence-money.htm.

该文原计划与马克思的《论犹太人问题》发表于同一期的《德法年鉴》上。尽管该文最终发表于1845年，但马克思在这一时期与赫斯之间的交往使马克思的观点受到了该文的直接影响。赫斯同样是从费尔巴哈的人本主义宗教批判思想出发，他已经开始把批判的重心转移到对由货币所导致的人的自我异化的批判上。赫斯指出，货币的本质在于，它是相互分离的自私自利的人们的造物，是人的自我异化。马克思在赫斯的直接影响之下，在《论犹太人问题》的下篇中把市民社会成员的生存境况与犹太人的实际生存境况相类比，并把它与实践的犹太教（即货币拜物教）相关联，强调货币拜物教是在市民社会中必然产生的人的普遍的自我异化。

通过梳理马克思在《论犹太人问题》中对费尔巴哈和赫斯的宗教批判思想的吸收和转化，我们可以清楚地看到马克思并没有彻底放弃掉宗教批判的思路，而是把宗教批判的重心转移到了对市民社会本身的批判。以此为开端，马克思后来一直强调对资本主义的宗教性质的批判，并在理论上进一步把货币拜物教批判发展为商品拜物教批判。

2. 从货币拜物教批判到商品拜物教批判

由于马克思把货币拜物教批判与市民社会批判相统

一，所以随着他对资本主义社会认识的深入，其宗教批判思想也得到了进一步的发展。马克思在《资本论》第一章中明确提出了商品拜物教的思想，并同时指出新教是在精神上与资本主义相匹配的宗教。概要地说，货币拜物教批判强调的是人的自我异化，即，人的劳动异化为以货币形式出现的外部力量，这种外部力量反过来统治着市民社会中的每一个人。在货币拜物教批判的背后，是对市民社会中人的普遍的自我异化的批判。与货币拜物教批判不同，商品拜物教批判强调的是，在资本主义生产方式中人的劳动只是由商品形式所规定的抽象劳动。

马克思的商品拜物教批判思想与他对资本主义社会中社会关系的物化的批判直接相关联。在资本主义社会中，以人与人之间的相互分离和普遍交往为前提，人与人之间的社会关系获得了"物"的性质。相对于资本主义社会的每一个孤立的个体，这种社会关系与他（她）相独立，人们被它所强制和规定。对于这种获得了自己的独立存在的社会关系，人们一方面试图认识其内部规律，但另一方面又无法对其进行干预和改变。用马克思在《1857—1858年经济学手稿》中的话来说，这就是"抽象的统治"："这种与人的依赖关系相对立的物的依赖关系也表现出这样的情形（物的依赖关系无非是与外表上独立的个人相对立的独立的社会关系，也就是与这些个人本身相对立而独立化的、他们互相间的生产关系）：个人现在受抽象统治，而他们以前是相互依赖的。"[1] 在《资本论》中，马克思进一步把"抽象的统治"界定为商品拜物教，此时拜物教的核心已经不再是崇拜感性的、人手的造物，而是崇拜商品的形式。

马克思从商品拜物教批判出发还进一步指出，与资本主义相适应的宗教不是货币拜物教，而是基督新教。"在商品生产者的社会里，一般的社会生产关系是这样的：生产者把他们的产品当作商品，从而当作价值来对待，而且通过这种物的形式，把他们的私人劳动当作等同的人类劳动来互相发生关系。对于这种社会来说，崇拜抽象人的基督教，特别是资产阶级发展阶段的基督教，如新教、自然神教等等，是最适当的宗教形式。"[2] 这就是说，正如在基督新教中所有人都是与他人一样的、站在上帝面前的人一样，在资本主义社会中所有人的劳动都是由商品形式所规定的同样的抽象劳动。换言之，正如在新教那里上帝规定

---

[1] 《马克思恩格斯全集》第30卷，人民出版社1995年中文第2版，第114页。
[2] 《马克思恩格斯全集》第44卷，人民出版社2001年中文第2版，第97页。

着每一个人一样，资本主义社会本身成为一个有着齐一规律的体系，这个体系成为了绝对，它规定着体系中的每一个人。

概括地说，要正确理解马克思对资本主义的宗教性质的批判，我们就必须从马克思在《论犹太人问题》中提出的货币拜物教批判思想入手。这里的关键线索是，马克思如何通过对市民社会的解剖把人的自我异化理论发展为社会关系的物化理论，并在此基础之上把货币拜物教批判发展为商品拜物教批判。从这个角度来重新理解马克思对资本主义宗教性质的批判，既可以帮助我们更准确地把握马克思的宗教批判思想的发展逻辑，也可以帮助我们进一步分析马克思和韦伯在对资本主义和宗教之间关系的理解上的内在关联。

（三）对犹太人问题的现实根源和解决道路的分析

马克思的《论犹太人问题》是对中欧国家19世纪40年代的犹太人问题的直接回应。我们在前文中提到，19世纪末以后，犹太人问题又有了进一步的发展。那么马克思对犹太人问题的分析是否还具有现实意义？概要地说，马克思对犹太人问题的分析具有三大特征：第一，明确反对反犹主义；第二，主张必须从资本主义本身的内在缺陷出发来认识反犹主义的根源；第三，坚持彻底的同化道路。从马克思思想的这三大特征出发，我们既能更好地认识犹太人问题的进一步发展，也可以更深入地认识20世纪的犹太马克思主义思想家对马克思思想的继承和超越。

1. 对犹太人问题现实根源的分析

我们可以跟随马克思的思路，从资本主义社会中人的实际生存境况出发，认识19世纪末在中东欧国家再度出现反犹主义的现实根源。从实际生存境况来看，此时中欧国家和东欧国家的犹太人有很大差别。在德、奥等中欧国家，犹太人的境况与同化政策密切相关。一方面，由于同化政策的实施，犹太人的经济和社会地位已有很大改善，大部分犹太人都已城市化，在经济上他们基本上是中产阶级和资产阶级；另一方面，他们的犹太人身份依然是显著的、可识别的。针对犹太人的同化政策并未进行到彻底，他们虽然在经济和社会地位上有很大提升，但依然很难在大学、政府等领域谋得职位。虽然他们的宗教生活越来越流于形式，但他们却也依然保留着宗教生活的习惯，在欧洲国家他们是"有犹太教信仰的德国人"（German citizens with Jewish denomination）。① 这两个方面合在一起，他们的实际生存境况基本上可以用阿伦特的概念"有自觉意识的贱民"（the self-conscious Pariah）②来概括。

东欧犹太人的生存境况则很糟糕。简单地说主要有三方面的特征：第一，经济和社会地位低下。东欧的犹太人基本上是出身于手艺人的无产者、贫穷的小资产者，他们在经济和社会地位上完全无法与中欧国家的犹太人相比较。第二，长期处于被排斥和被隔离的状态。在沙皇统治的前期，东欧国家一直实行反动的排犹政策，犹太人被排斥、被隔离，在政治身份和文化认同上完全没有实现同化。第三，19世纪末期东欧的犹太人问题开始具有民族的性质。随着资本主义因素在俄罗斯的发展，沙皇俄国开始向西方开放，其反犹主义的政策也开始有所松动。但与此同时，东欧国家开始出现以农民和小资产阶级分子为主的反犹主义力量。与之相对应，在东欧犹太人的内部开始有

---

① Michael Lowy, *Redemption and Utopia: Jewish Libertarian Thought in Central Europe*, The Athlone Press, London, 1992, p.30.
② Hannah Arent, *The Jew as Pariah: Jewish Identity and Politics in the Modern Age*, New York: Grove Press, 1978, p.68.

对自己的犹太民族文化（意第绪语文化）的坚守，犹太人问题开始具有明确的民族性质。

虽然中、东欧国家犹太人的实际生存境况有很大差异，但19世纪末再度兴起的反犹主义浪潮并没有局限在东欧国家。东欧国家反犹主义势力兴起的社会背景是从传统的封建社会向现代资本主义社会的过渡。在此背景之下，农民和小资产阶级分子的经济和社会地位受到了严重威胁，反犹主义的势力在他们中间兴起，他们试图通过反犹来保住自己曾经的经济和社会地位。在中欧国家，反犹主义兴起的背景是快速的工业化及其所导致的社会矛盾的恶化。在此背景之下，反资本主义的浪漫主义思潮开始在思想界兴起，它一方面对资本主义社会的深刻矛盾进行批判，另一方面也致使在德国这样的后发国家原先就有的民族主义情绪得到进一步强化。在反动的民族主义情绪日益蔓延的背景之下，当大批的东欧犹太人由于不堪反犹主义的迫害而流亡到中西欧国家时，他们在这里也遭到了同样的排斥和反对。

这也就是说，马克思的确在《论犹太人问题》中完全没有预见到19世纪末反犹主义浪潮的再度兴起，但马克思却打开了一条考察反犹主义产生根源的思想道路。沿着这一思想道路,我们可以在新的历史条件下认识和把握犹太人问题的新内涵。

2. 对反对反犹主义立场的坚持

马克思反对反犹主义的立场在后来的马克思主义思想家那里得到了坚持。我们先来看恩格斯晚年对待19世纪末期在中、东欧国家再度兴起的反犹主义运动的态度。恩格斯晚年对反犹主义问题高度关注,他明确强调必须展开反对反犹主义的斗争。关于反犹主义的根本性质,他从马克思主义的阶级分析观点出发,明确断定反犹主义在根本上是正在消亡的封建社会中的落后的社会阶层对正在生成的现代社会的反对,是反动的。针对一些反犹主义的宣传,恩格斯指出反犹主义的主张是反动的封建社会主义的一个变种。关于反犹主义的现实根源,恩格斯认为反犹主义的社会根源是现代社会的不发达。他断定只有在中、东欧的一些落后的国家才会有反犹主义,在英、美等发达的现代社会,将不会再有反犹主义产生。也就是说,此时的恩格斯还没有认识到,现代版的犹太人问题的真正根源是资本主义社会本身的内在矛盾。关于反对反犹主义的斗争和国际工人运动之间的关系,恩格斯指出国际工人运动的一个首要任务就是对反犹主义进行斗争。他一再强调指出,犹太人在国际工人运动的历史上发挥了重要的积极作用，不仅是一大批卓越的国际工人运动的领导人都是犹太裔，犹太人的反对反犹主义的运动更是工人运动的一个重要组成部分。

社会主义道路已经明确成为解决犹太人问题的三条道路之一。针对19世纪末的犹太人问题，主要有关于三条不同道路的主张：自由主义、犹太复国主义和社会主义。自由主义的道路主张同化，不反对资本主义本身，仅仅致力于把犹太人变成好的国家公民，且不承认犹太人的他者性；犹太复国主义的道路谋求以色列在耶路撒冷建国，但这并不能解决犹太人问题，反而导致了对其他民族的殖民主义问题；社会主义的道路把犹太人的解放看作是人的解放的重要组成部分，使犹太人参与普遍的解放事业，该道路对于犹太知识分子有着强大的吸引力。

3. 对激进的同化道路的反思

马克思关于激进的同化道路的主张在以本雅明、布洛赫等为代表的20世纪中欧犹太马克思主义思想家那里被进一步完善。马克思在《论犹太人问题》中，明确主张彻底的同化道路，没有对犹太文化传统做专门分析。与马克思的立场相参照，这批中欧犹太马克思主义思想家的思想具有两大特征：第一，从"欧洲文明的危机的角度"来继承和发展马克思的资本主义批判学说；第二，从对犹太身份的重新认同出发来思考解决危机的道路。正是由于这两大思想特征，他们不仅进一步坚持了马克思所主张的普遍的解放的道路，而且还特别强调了犹太文化传统对于这一解放事业的重要意义。

我们先来看第一个思想特征。以卢卡奇、布洛赫等为代表的犹太知识分子都是在十月革命的直接影响之下才转向马克思主义的立场的。在转向马克思主义立场之前，他们已经达到了对"欧洲文明的危机"的自觉。更具体地说，一方面，他们在思想上受到反资本主义的浪漫主义思潮的影响，在哲学上直接认同韦伯和西美尔等人的理论，强调文化和文明之间的对立；另一方面，他们又坚决反对韦伯和西美尔等人在"一战"背景下转向德意志民族主义立场。他们希望能够超越狭隘的民族主义立场，找到一条具有普遍意义的克服欧洲文明危机的道路。十月革命使他们转向了马克思主义，之所以会有如此转向，是因为马克思主义的立场不仅可以帮助他们更深入地分析导致欧洲文明危机的根源，而且这条革命的道路既可以和犹太文化传统对接，又具有普遍解放的意义。

我们再来看第二个思想特征。在反资本主义浪漫主义思潮的影响之下，布洛赫和本雅明等犹太知识分子希望能够通过回溯传统来找到克服危机的道路。在马丁·布伯的直接影响之下，他们有了对犹太身份的重新发现。他们关注犹太文化传统，尤其是注重对内在于犹太教中的弥赛亚主义传统的重新阐释。但对犹太身份的认同在他们这里既没有导致犹太复国主义的立场，也没有带来文化保守主义的立场。他们坚守的依然是当年的马克思所坚守的普遍的同化道路，他们反复强调犹太传统是内在于人类文明传统中的一个重要维度。作为内在于人类文明传统中的一个他者性的维度，它可以帮助我们批判资本主义的宗教性，克服进步史观，更新马克思主义的历史唯物主义。

概括地讲，我们可以说这批20世纪中欧犹太马克思主义思想家，他们在新的历史条件下对马克思关于同化道路的思想进行了发展和完善。在马克思撰写《论犹太人问题》的年代，资本主义尚未发展成为一个彻底的合理化的体系，也还没有出现资本主义与反动的民族主义两极共生的情况。因此在马克思对同化道路的阐述中，既没有对犹太传统的深入考察，也没有对犹太传统与资本主义文明之间的内在张力的充分认识。以本雅明、布洛赫等为代表的

20世纪中欧犹太马克思主义思想家面对的情况则完全不同,他们看到的是由合理化的资本主义体系和反动的民族主义这对立的两极所导致的欧洲文明的危机。在此情势之下,他们自觉地把对犹太传统的解读纳入到对同化道路的思考之中,力求通过激活内在于理性文明传统中的内在张力来挽救陷入了自我毁灭性的危机的理性文明。

(四)对探讨中国现代化道路的启示

近十多年以来,中国学界对《论犹太人问题》的兴趣日益浓厚。之所以如此,是因为马克思在《论犹太人问题》中的相关论述对我们重新思考中国现代化道路的具体内涵具有重要的启示意义。在《论犹太人问题》中,马克思不仅对现代国家和市民社会之间关系的发展趋势进行了明确的判断,而且同时告诉我们这是一条以基督教世界为背景的现代化道路。马克思明确指出,实现了政教分离的现代国家是真正意义上的基督教国家,而充分发展了的市民社会又是以真正意义上的基督教国家为前提的。如果马克思在这里所断定的只是在基督教世界的背景之下现代国家和市民社会之间关系的发展趋势,那么在不是以基督教世界为背景的中国,现代化的事业是否还有其他的可能路径?

1. 对以基督教世界为背景的现代化道路的批判

我们先来看马克思对以基督教世界为背景的现代化道路的批判。马克思在《论犹太人问题》的下篇中明确指出,市民社会具有彻底的非伦理的性质,这样的市民社会只有在基督教世界才能完成。"犹太精神随着市民社会的完成而达到自己的顶点;但是市民社会只有在基督教世界才能完成。基督教把一切民族的、自然的、伦理的、理论的关系变成对人来说是外在的东西,因此只有在基督教的统治之下,市民社会才能完全从国家生活分离开来,扯断人的一切类联系,代之以利己主义和自私自利的需要,使人的世界分解为原子式的相互敌对的个人的世界。"① 概要地说,该段文字至少含有三个层次的涵义:第一,基督教本身有否定伦理关系的性质;第二,现代国家是真正意义上的基督教国家,它延续了基督教的否定伦理关系的功能;第三,市民社会以现代国家为前提,具有典型的非伦

---

① 《马克思恩格斯全集》第3卷,人民出版社2002年中文第2版,第196页。

理的性质。

首先是对基督教本身的判断。鲍威尔在《犹太人问题》中在论及基督教与犹太教之间关系时，曾经提到基督教乃是对犹太教的完成，二者之间的第一层关联就体现在对民族共同体的不信任。犹太教认为犹太人是唯一被拣选的民族，对所有其他民族及其民族共同体的生存条件持不信任态度。基督教则更进一步，它把这种对政治民族共同体的不信任发展到了极致，基督教要求宗教共同体中的每一位成员都彻底切断其与其他成员之间伦理的和政治的关系。马克思在《论犹太人问题》中提出了同样的见解，他明确指出"基督教把一切民族的、自然的、伦理的、理论的关系变成对人来说是外在的东西"。[1] 从宗教批判的角度看，基督教会之所以会否定一切民族的、自然的和伦理的关系的意义，是因为它不承认现实的人和人与人之间的现实关系。"宗教正是以间接的方法承认人。通过一个中介者。国家是以人以及人的自由之间的中介者。正像基督是中介者，人把自己的全部神性、自己的全部宗教约束性都加在他身上一样"。[2] 这也就是说，基督教只承认由基督这

---

[1] 《马克思恩格斯全集》第3卷，人民出版社2002年中文第2版，第196页。
[2] 《马克思恩格斯全集》第3卷，人民出版社2002年中文第2版，第171页。

个中介者所带来的人与人之间的共通关系，并因此而否定了现实世界中人与人之间的真实联系。

其次是对现代国家本身的判断。关于现代国家的基督教性质，马克思在《论犹太人问题》中特别提到了它的双重内涵：从积极的角度看，它主要是指现代国家以政治的、世俗的形式实现了基督教的人的基础。也就是说，在基督教那里是通过想象中的上帝来实现人与人之间的自由共在，在现代国家这里则是通过实际的政治国家来实现人与人之间的自由共在；从消极的角度看，它主要是指现代国家是类似于宗教的抽象，它只能停留于现代国家和市民社会之间的分离与对立。即在基督教那里是天国和尘世两个世界的分离，在现代政治这里是政治国家和市民社会两个领域的分离。从否定人与人之间伦理关系的角度看，在基督教那里两个世界的分离带来的是对尘世中人与人之间关系的虚无化，在现代政治这里两个领域的分离带来的则是对市民社会中人与人之间自然的、民族的、伦理的关系的实际摧毁。

最后是对市民社会的判断。马克思断定在基督教世界的背景之下才会有具有基督教性质的现代国家，才会出现政治国家和市民社会的彻底分离。由政治国家与市民社会之间这种二元对立的关系所决定,市民社会具有彻底的非伦理的性质。也就是说,市民社会中人与人之间的实际关系是无关系,市民社会成员只是原子式的个人,相互之间的是敌对的态度。正因为人与人之间的所有民族的、自然的、伦理的关系已被斩断、人与人之间由于实际需要而被迫发生的普遍交往关系就变成了一种以货币的形式出现的外部力量。又由于这种外部力量不仅与每一个人相对立,而且还制约着每一个人,市民社会成员必然陷入对货币的崇拜,犹太精神在市民社会中达到顶点。

综合上述三个层次,我们可以把马克思对基督教世界背景下的现代化道路的批判概括为:在基督教世界的背景之下才会有现代国家和市民社会的二元对立;在现代国家与市民社会相互分离的条件之下,市民社会将具有彻底的非伦理的性质;如此的市民社会将导致人的普遍的自我异化;在普遍的自我异化的条件下,现代人将彻底世俗化,现代国家将被工具化。

2. 非基督教世界背景下的中国与现代伦理生活

如果说马克思在《论犹太人问题》中批判的不仅是现代化道路本身,而且还特别是以基督教世界为背景的现代化道路,那么在非基督教世界背景之下,中国的现代化道路是否会有别样的规定性？或者说，我们所特有的非基督教世界的生存环境是否会为我们克服现代化道路的内在缺陷、超越市民社会的非伦理性质提供更多的现实可能性？这是中国读者在今天重新阅读《论犹太人问题》时必须要回答的问题。这个问题本身包括多个维度，我们在这里仅仅试着以黑格尔和马克思关于市民社会的相关思想为参照，从两个角度对这个宏大的问题做一点思考：首先是市民社会本身是否只能是非伦理性的？其次是中国的现代化过程是否为我们克服市民社会的非伦理性提供了难得的现实资源？

我们先来分析市民社会的非伦理性问题。在马克思之前，黑格尔就已经明确指出市民社会具有瓦解伦理生活的发展趋势。黑格尔承认市民社会是现代世界的重要成就，因为市民社会以特殊性为原则，可以确保人的主观自由得到实现。但黑格尔同时更加强调，市民社会的独立发展必然会带来对伦理生活的瓦解，因为它必然会导致极端的贫富分化和普遍的自我异化。市民社会虽然承认人与人之间的抽象平等关系，但其出发点是人与人之间的实际差异。又因为市民社会中人仅仅以特殊性和外在普遍性为行动原则，在人与人之间的普遍交往关系充分展开之后，人与人之间原有的实际差异会被无止境地放大。市民社会中必然会产生极端的贫富分化。极端的贫富分化将导致贱民的产生，贱民不仅身处绝对贫困的境地，更在主观态度上持反社会的立场。除了贫穷的贱民，市民社会同时还会导致富有的贱民，他们由于极端富有而彻底置社会及其内部一些普遍的法则于不顾。与极端的贫富分化内在相关，市民社会中同时还会产生人的自我异化。由于每个人都只是以自己的特殊性为原则，他在共同体中只能通过炫耀自己的财富来获得他人的承认。

正因为黑格尔已经洞见到市民社会的非伦理性，他反复强调市民社会不是现代国家的基础，相反现代国家是市民社会的本质和基础。也就是说，黑格尔认为市民社会瓦解伦理生活的发展趋势可以得到限制，我们可以把市民社会限定为只是伦理生活中的一个环节，可以在发展市民社会的同时依然有健全的现代版的伦理生活。要守护现代伦理生活，最关键的就是守住现代国家相对于市民社会的本质性地位。现代国家不仅仅只是外部国家（external state）①，它不能仅仅停留于为市民社会的发展提供前提性

---

① ［德］黑格尔：《法哲学原理》，范扬、张企泰译，商务印书馆1995年，第198页。

的条件。现代国家更是市民社会的基础,它要让普遍性的原则在市民社会中也能得到贯彻。具体到现实生活当中,这意味着国家要守护内在于市民社会中的一些伦理机制,例如同业公会。这些伦理机制可以让市民社会中人不仅是由法律所承认的一个个独立的个体,他们同时还由于自己的职业和才能而分属于各个具体的群体。用黑格尔的话来说,市民社会成员在市民社会中有他们的"第二个家"。[①]在这些伦理机制的支撑之下,市民社会中人不仅会自觉认同自己所属的特殊群体,而且还会进一步认同整个社会。这样,在国家的支撑之下市民社会就具有了伦理的功能,它可以是现代伦理生活中的一个环节。

　　针对黑格尔的这些思考,马克思强调在基督教世界中政治革命实际上只带来了政治国家和市民社会之间的分离。市民社会以特殊性为原则,政治国家以抽象的普遍性为原则。落实到市民社会内部的实际生活,马克思特别强调了两点:第一,市民社会中人与人之间只有相互分离的关系,因为市民社会中人与人之间的实际关系是私有财产关系;第二,行会或同业公会只是在旧社会中存在的特殊

[①] [德]黑格尔:《法哲学原理》,范扬、张企泰译,商务印书馆1995年,第249页。

利益群体，其原则是特权，它们不可能在现代市民社会中持续存在，更不能支撑起市民社会的伦理功能。"鲍威尔接着阐明：基督教国家的人民只是一种非人民，他们已经不再有自己的意志，……这些群众本身分成许多偶然形成并确定的特殊集团，这些特殊集团是按各自利益、特殊爱好和偏见区分的，并且获准享有彼此不相往来的特权，等等。"[1]马克思在这些文字中概括了鲍威尔对尚未实现政治革命的基督教国家的描述，透过这段文字以及马克思对它的分析，我们可以看到马克思基本同意鲍威尔的观点，认为行会这样的特殊集团仅仅只是旧社会的产物。因此，在马克思的视野之中市民社会绝对不是黑格尔意义上的有伦理功能的市民社会，而是具有彻底的非伦理性质的市民社会。那么在没有基督教世界的中国，市民社会是否有可能具有伦理功能？

接下来，我们再来分析当代中国版本的市民社会的独特性。以马克思和黑格尔的思想为参照，我们首先会发现在当代中国，国家和社会之间的关系不是简单的分离和对立的关系。简单地说，当代中国版的国家与社会之间的关

---

[1]《马克思恩格斯全集》第3卷，人民出版社2002年中文第2版，第177页。

系是一次新民主主义革命和两轮社会主义性质的社会革命的结果。新民主主义革命是无产阶级领导的政治革命，它带来的是民族独立和现代版的政治国家。新民主主义革命完成之后，我们先后经历了两轮社会主义性质的社会革命，这两轮社会革命的内涵都是由国家所主导的对社会关系的变革。第一轮社会革命是社会主义改造，它以实现生产资料公有制为目的。在社会主义改造的背景之下，由于国家强调以阶级斗争为纲，注重对社会成员的阶级成分进行划分，整个社会再度成为一个高度政治化了的社会。第二轮社会革命是改革开放，它以回应和解决社会主义的基本矛盾为目的，即一方面要解放和发展生产力，另一方面又要使生产力发展所带来的财富能够实际支撑起所有社会成员的生活和发展。落实到国家与社会之间的关系，基本上有一个三环节式的结构：国家处于主导地位；它通过确立和发展市场经济机制以及承认每个公民的独立个体地位而带来了相对独立的市场经济领域的发展，制造出了国家与市场经济领域之间的相对分离；国家同时还致力于把两者之间的关系纳入国家的统摄之下。

在这个新型的国家与社会之间关系中，中国版本的市民社会具有马克思当年所没有看到的特殊性。首先，在社会主义国家的主导之下，市民社会中人与人之间的生产关系并不简单地是私有财产关系，而是有多种形式的生产资料所有制同时共存。马克思在《论犹太人问题》中尖锐指出，私有财产关系必将导致人与人之间的分离和对立。当代中国在市场经济领域对生产资料多种形式所有制的创新和实验不仅具有经济的意义，它更在基本机制上为我们克服和超越市民社会的非伦理性提供了前提。其次，在当代中国版本的市民社会中，"单位"和"基层社区"对于市民社会成员来说具有黑格尔所说的"第二个家"的功能。黑格尔强调，国家必须确保市民社会中有能够发挥"第二个家"的功能的伦理机制，其中最重要的就是等级和同业公会。马克思坚决反对黑格尔对等级和同业公会的重视，并指出它们是旧的特权社会的产物，无法与现代市民社会共存。与马克思对等级和同业公会的批评相参照，我们会发现社会主义的单位和基层社区彻底不是旧社会的产物。它们不违背市民社会中的抽象平等和主观自由原则，同时又的确发挥着"第二个家"的功能，使市民社会中的成员能够通过属于一个个具体的群体而在生活上获得支撑，在社会地位上获得认同。

所有这些都说明，我们可以参照马克思对基督教世界的现代化道路的批判，带着对中国文化传统的自觉，在社会主义的框架之下去重新面对现代国家与市民社会之间的关系难题，去探索中国版本的解答，去成就现代版本的伦理生活。

综上所述，马克思的《论犹太人问题》绝不仅仅只是属于19世纪40年代的文本，我们在当代中国的语境中依然可以和这个经典名篇进行多个维度的对话。它能够帮助我们看清楚自由主义政治哲学的基本框架和根本缺陷；它能够引领我们更好地认识宗教与现代政治之间的复杂关系；它能够帮助我们更深入地理解资本主义本身的宗教性；我们可以从它对犹太人问题的分析入手来进一步认识资本主义与犹太人问题之间的内在关联；我们还能够以它对基督教世界中的现代化道路的批判为参照，进一步思考中国现代化道路的未来方案。

《论犹太人问题》的
当代解读与中国道路

原著选读

A BRIEF
INTRODUCTION TO
ON THE JEWISH
QUESTION

卡·马克思
论犹太人问题[①]

（1）布鲁诺·鲍威尔：《犹太人问题》1843年不伦瑞克版；

（2）布鲁诺·鲍威尔：《现代犹太人和基督徒获得自由的能力》。格奥尔格·海尔维格1843年在苏黎世—温特图尔出版的文集《来自瑞士的二十一印张》第56—71页。

[①] 本书的选文引自《马克思恩格斯全集》第3卷，人民出版社2002年中文第2版，第163—198页。引用时对原文有适当调整，主要是对原文中的注释有适当调整，以方便读者阅读。——编者注

一

布鲁诺·鲍威尔:《犹太人问题》
1843年不伦瑞克版

德国的犹太人渴望解放。他们渴望什么样的解放？**公民**的解放，**政治**解放。

布鲁诺·鲍威尔回答他们说：在德国，没有人在政治上得到解放。我们自己没有自由，我们怎么可以使你们自由呢？你们犹太人，要是为自己即为犹太人要求一种特殊的解放，你们就是**利己主义者**。作为德国人，你们应该为德国的政治解放奋斗；作为人，你们应该为人的解放奋斗。而你们所受的特种压迫和耻辱；不应该看成是通则的例外，相反，应该看成是通则的证实。

难道犹太人是要求同**信奉基督教的臣民**享有平等权利？这样，他们就承认**基督教国家**是无可非议的，也就承认普遍奴役制度。既然他们满意普遍奴役，为什么又不满意自己所受的特殊奴役呢？既（164）然犹太人不关心德国人的解放，为什么德国人该关心犹太人的解放呢？

基督教国家只知道**特权**。犹太人在这个国家享有做犹太人的特权。作为犹太人，他享有基督徒所没有的权利。那他何必渴望他所没有而为基督徒所享有的权利！

原著
选读

如果犹太人想从基督教国家解放出来，他就要求基督教国家放弃自己的**宗教偏见**。而他，犹太人，会放弃**自己的**宗教偏见吗？就是说，他有什么权利要求别人放弃宗教呢？

基督教国家，按**其本质**来看，是不会解放犹太人的；但是，鲍威尔补充说，犹太人按其本质来看，也不会得到解放。只要国家还是基督教国家，犹太人还是犹太人，二者的一方不能给予解放，另一方也不能得到解放。

基督教国家对待犹太人，只能按照基督教国家的方式即给予特权的方式：允许犹太人同其他臣民分离开来，但也让犹太人受到分离开来的其他领域的压迫，何况犹太人同占统治的宗教处于**宗教**对立的地位，所受的压迫也更厉害。可是，犹太人对待国家也只能按照犹太人的方式即把国家看成一种异己的东西：把自己想象中的民族跟现实的民族对立起来，把自己幻想的法律跟现实的法律对立起来，以为自己有权从人类分离出来，决不参加历史运动，期待着一种同人的一般未来毫无共同点的未来，认为自己是犹太民族的一员，犹太民族是神拣选的民族。

那么你们犹太人有什么理由渴望解放呢？为了你们的宗教？你们的宗教是国教的死敌。因为你们是公民？德国根本没有**公民**。因为你们是人？你们不是人，正像你们向之呼吁的不是人一样。

鲍威尔批判了迄今为止关于犹太人的解放问题的提法和

解决方（165）案以后，又以新的方式提出了这个问题。他问道：应当得到解放的犹太人和应该解放犹太人的基督教国家，二者的**特性**是什么呢？他通过对犹太宗教的批判回答了这个问题，他分析了犹太教和基督教的**宗教**对立，他说明了基督教国家的本质，——他把这一切都做得大胆、尖锐、机智、透彻，而且文笔贴切、洗练和雄健有力。

那么，鲍威尔是怎样解决犹太人问题的？结论是什么？他对问题的表述就是对问题的解决。对犹太人问题的批判就是对犹太人问题的回答。总之，可简述如下：

我们必须先解放自己，才能解放别人。

犹太人和基督徒之间最顽固的对立形式是**宗教**对立。怎样才能消除对立？使它不能成立。怎样才能使**宗教**对立不能成立？废除**宗教**。只要犹太人和基督徒把他们互相对立的宗教只看作**人的精神的不同发展阶段**，看作**历史**撕去的不同的蛇皮，把**人**本身只看作蜕皮的蛇，只要这样，他们的关系就不再是宗教的关系，而只是批判的、**科学的**关系，人的关系。那时**科学**就是他们的统一。而科学上的对立会由科学本身消除。

德国的犹太人首先碰到的问题是没有得到政治解放和国家具有鲜明的基督教性质。但是，在鲍威尔看来，犹太人问题是一个不以德国的特殊状况为转移的、具有普遍意义的问题。这就是宗教对国家的关系问题、**宗教约束和政治解放的**

矛盾问题。他认为从宗教中解放出来，这是一个条件，无论对于想要得到政治解放的犹太人，无论对于应该解放别人从而使自己得到解放的国家，都是一样。

有人说，而且犹太人自己也说，"很对，犹太人获得解放，不应该是作为犹太人，这并非因为他是犹太人，并非因为他具有什么高超的普遍的人的伦理原则；相反，**犹太人**自己将退居**公民**之后，而且也将成为**公民**，尽管他是而且应当始终（166）是犹太人，这就是说，他是而且始终是**犹太人**，尽管他是**公民**，并生活在普遍的人的关系中：他那犹太人的和狭隘的本质最终总要战胜他的人的义务和政治的义务。**偏见**始终存在，尽管**普遍的**原则胜过它。但是，既然它始终存在，那么它就会反过来胜过其余的一切。""只有按照诡辩，即从外观来看，犹太人在国家生活中才能始终是犹太人；因此，如果他想始终是犹太人，那么单纯的外观就会成为本质的东西并且取得胜利，就是说，他**在国家中的生活**只会是一种外观，或者只是违反本质和通则的一种暂时的例外。"（《现代犹太人和基督徒获得自由的能力》，《二十一印张》第57页）

另一方面，我们看看鲍威尔是怎样提出国家的任务的。

他写道："不久以前，法国在犹太人问题上，就像经常[1]在其他

---

[1] 布·鲍威尔原著中写的是："就像七月革命以来经常……"

一切**政治**问题上一样,向我们展示了《众议院1840年12月26日的辩论》一种生活的情景,这种生活是自由的,但又通过法律取消了自己的自由,因此,它宣布这种自由是一种外观,另一方面,又在行动上推翻了自己的自由法律。"(《犹太人问题》第64页)

"在法国,普遍自由还未成为法律,**犹太人问题也还没有**得到解决,因为法律上的自由——公民一律平等——在生活中受到限制,生活仍然被宗教特权控制和划分开来,生活的这种不自由对法律起反作用,迫使它认可:本身自由的公民区分为被压迫者和压迫者。"([同上],第65页)

那么,在法国,犹太人问题什么时候才能得到解决呢?

"比如说,犹太教徒不让自己的戒律阻止自己履行对国家和对同胞的义务,就是说,例如在犹太教的安息日去众议院并参加公开会议,那他必定不会再是犹太教徒了。任何**宗教特权**,从而还有特权教会的垄断,必定会被消灭,即使有些人,或者是许多人,**甚至是绝大多数人,还认为自己必须履行宗教义务**,那么这应该看成是**纯粹的私事而听其自便**。"(第65页)"如果不再存在享有特权的宗教,那就不再有什么宗教。使宗教丧失其专有的势力,宗教就不再存在。"(第66页)"正像马丁·迪·诺尔先生把关于法律中可不提礼拜日这项建议看成是(167)关于宣布基督教不复存在的提案一样,关于安息日戒律对犹太教徒不再有约束力的声明,会以同样的理由(而这个理由是有充分根据的)成为关于犹太教解体的宣言。"(第71页)

可见，一方面，鲍威尔要求犹太人放弃犹太教，要求一般人放弃宗教，以便作为**公民**得到解放。另一方面，鲍威尔坚决认为宗教在**政治上的**废除就是宗教的完全废除。以宗教为前提的国家，还不是真正的、不是现实的国家。

"当然，宗教观念给国家提供保证。可是，给什么样的国家？**给哪一类国家？**"（第97页）

这一点暴露了他对犹太人问题的**片面**了解。

只是探讨谁应当是解放者？谁应当得到解放？这无论如何是不够的。批判还应该做到第三点。它必须提出问题：这里指的是**哪一类解放**？人们所要求的解放的本质要有哪些条件？只有对**政治解放**本身的批判，才是对犹太人问题的最终批判，也才能使这个问题真正变成"**当代的普遍问题**"。①

鲍威尔并没有把问题提到这样的高度，因此陷入了矛盾。他提供了一些条件，这些条件并不是以**政治**解放本身的本质引起的。他提出的是一些不包括在他的课题以内的问题，他解决的是一些没有回答他的问题的课题。当鲍威尔在谈到那些对犹太人的解放持反对意见的人时说："他们的错误只在于：他们把基督教国家假设为惟一真正的国家，而没有像批判犹太教那样给以批判。"（第3页）我们认为，鲍威尔的错

---

① 布·鲍威尔《犹太人问题》1843年不伦瑞克版第3页和第61页。

误在于：他批判的**只是**"基督教国家"，而不是"国家本(168)身"，他没有探讨**政治解放对人的解放的关系**，因此，他提供的条件只能表明他毫无批判地把政治解放和普遍的人的解放混为一谈。如果鲍威尔问犹太人：根据你们的观点，你们就有权利要求**政治**解放？①那我们要反问：**政治**解放的观点有权利要求犹太人废除犹太教，要求一切人废除宗教吗？

犹太人问题依据犹太人居住的国家而有不同的表述。在德国，不存在政治国家，不存在作为国家的国家，犹太人问题就是纯粹的**神学**问题。犹太人同承认基督教为自己基础的国家处于**宗教**对立之中。这个国家是职业神学家。在这里，批判是对神学的批判，是双刃的批判——既是对基督教神学的批判，又是对犹太教神学的批判。不管我们在神学中**批判起来**可以多么游刃有余，我们毕竟是在神学中移动。

在法国这个**立宪**国家中，犹太人问题是立宪制的问题，是**政治解放不彻底**的问题。因为这里还保存着国教的**外观**，——虽然这是毫无意义而且自相矛盾的形式，并且以**多数人的宗教**的形式保存着，——所以犹太人对国家的关系也保持着宗教对立、神学对立的**外观**。

只有在北美的自由州——至少在其中一部分——犹太人问题才失去其**神学**的意义而成为真正**世俗**的问题。只有在政

---

① 布·鲍威尔《犹太人问题》1843年不伦瑞克版第19—21页。并见本卷第180和181页。

治国家十分发达的地方,犹太教徒和一般宗教信徒对政治国家的关系,就是说,宗教对国家的关系,才具备其本来的、纯粹的形式。一旦国家不再**从神学的角度**对待宗教,一旦国家是作为国家即从**政治的角度**来对待宗教,那么,对这种关系的批判就不再是对神学的批判了。这样,批(169)判就成了对**政治国家的批判**。在问题不再是**神学**问题的地方,鲍威尔的批判就不再是批判的批判了。

"美国既没有国教,又没有大多数人公认的宗教,也没有一种礼拜对另一种礼拜的优势。国家与一切礼拜无关"(古·德·博蒙《玛丽或美国的奴隶制》1835年巴黎版第214页)。北美有些州,"宪法没有把宗教信仰和某种礼拜作为取得政治特权的条件。"(同上,第225页)尽管这样,"在美国也并不认为一个不信教的人是诚实的人。"(同上,第224页)

尽管如此,正像博蒙、托克维尔和英国人汉密尔顿异口同声保证的那样[①],北美主要还是一个笃信宗教的国家。不过,在我们看来,北美各州只是一个例子。问题在于:**完成了的**政治解放怎样对待宗教?既然我们看到,甚至在政治解

---

① 古·德·博蒙《玛丽或美国的奴隶制》1835年巴黎版第1卷第218—221页,亚·德·托克维尔《美国的民主制》1835年巴黎第2版第2卷第209—234页,托·汉密尔顿《美国人和美国风俗习惯》1834年曼海姆版第2卷第241—244页。

放已经完成了的国家，宗教不仅仅**存在**，而且是**生气勃勃的**、**富有生命力**的存在，那么这就证明，宗教的定在和国家的完成是不矛盾的。但是由于宗教的定在是一种缺陷的定在，那么这种缺陷的根源就只能到国家自身的**本质**中去寻找。在我们看来，宗教已经不是世俗局限性的**原因**，而只是它的**现象**。因此，我们用自由公民的世俗约束来说明他们的宗教约束。我们并不宣称：他们必须消除他们的宗教局限性，才能消除他们的世俗限制。我们宣称：他们一旦消除了世俗限制，就能消除他们的宗教局限性。我们不把世俗问题化为**神学**问题。我们要把神学问题化为世俗问题。相当长的时期以来，人们一直用迷信来说明历史，而我们现在是用历史来说明迷信。在我们看来，**政治解放对宗教的关系**问题已经（170）成了**政治解放对人的解放的关系**问题。我们**撇开**政治国家在宗教上的软弱无能，批判政治国家的**世俗**结构，这样也就批判了它在宗教上的软弱无能。我们揭示了国家和某一**特定宗教**，例如和**犹太教**的矛盾的人的性质，即国家和**特定世俗**要素的矛盾；也揭示了国家和**一般宗教**的矛盾的人的性质，即国家和它的一般**前提**的矛盾。

　　犹太教徒、基督徒、一般**宗教**信徒的**政治解放**，是**国家**从犹太教、基督教和一般**宗教中解放出来**。当国家从**国教**中解放出来，就是说，当国家作为一个**国家**，不信奉任何宗教，确切地说，信奉作为国家的自身时，国家才以自己的形式，以自己本质所固有的方式，作为**一个国家**，从宗教中解放出来。摆脱了宗教的**政治**解放，不是彻头彻尾、没有矛盾地摆脱了宗教的解放，因为政治解放不是彻头彻尾、没有矛盾的**人的**解放方式。

政治解放的限度一开始就表现在：即使人还没有**真正摆脱某种限制**，**国家**也可以摆脱这种限制，即使人还不是**自由人**，国家也可以成为**自由国家**[①]。鲍威尔自己默认了这一点，他提出了如下的政治解放条件：

"任何宗教特权，从而还有特权教会的垄断，必定会被消灭，即使有些人，或者是许多人，甚至是**绝大多数人**，还认为自己必须履行宗教义务，那么这应该看成是**纯粹的私事**而听其自便。"[②]

由此可见，甚至在**绝大多数人**还信奉宗教的情况下，**国家**是可以从宗教中解放出来的。绝大多数人并不因为自己是私下信奉宗教就（171）不再是宗教信徒。

不过，国家，尤其是**共和国**对宗教的态度，毕竟是组成国家的人对宗教的态度。由此可以得出结论：人通过**国家这个中介**得到解放，他**在政治上**从某种限制中解放出来，是因为他与自身相矛盾，他以**抽象的**、**有限的**、局部的方式超越

---

① 德文原文是"Friestaat"，本意指"共和国"，字面的意思是"自由国家"。
② 布·鲍威尔《犹太人问题》1843年不伦瑞克版第65页。

了这一限制。其次，可以得出这样的结论：人在政治上得到解放是用**间接的方法**，是通过一个**中介**，尽管是一个**必不可少的中介**。最后，还可以得出这样的结论：人即使已经通过国家的中介作用宣布自己是无神论者，就是说，他宣布国家是无神论者，这时他总还是受到宗教的约束，这正是因为他仅仅以间接的方法，因为他仅仅通过中介承认自己。宗教正是以间接的方法承认人。通过一个**中介者**。国家是人以及人的自由之间的中介者。正像基督是中介者，人把自己的全部神性、自己的全部**宗教约束性**都加在他身上一样，国家也是中介者，人把自己的全部非神性、自己的全部人的无约束性寄托在它身上。

人对宗教的**政治**超越，具有一般政治超越所具有的一切缺点和优点。例如，像北美许多州所发生的情形那样，一旦国家取消了选举权和被选举权的**财产资格限制**，国家作为国家就废除了**私有财产**，人就以政治方式宣布私有财产已被**废除**。**汉密尔顿**从政治观点出发，对这个事实作了完全正确的解释：

"广大群众战胜了财产所有者和金钱财富。"①

---

① 托·汉密尔顿《美国人和美国风俗习惯》1834年曼海姆版第1卷第146页。并见马克思《德国史和美国史摘记以及国家史、宪法史著作摘要》(《马克思恩格斯全集》1981年历史考证版第4部分第2卷第268页)。

（172）既然非占有者已经成了占有者的立法者，那么私有财产岂不是在观念上被废除了吗？**财产资格限制**是承认私有财产的最后一个**政治**形式。

尽管如此，从政治上废除私有财产不仅没有废除私有财产，反而以私有财产为前提。当国家宣布出身、等级、文化程度、职业为**非政治的**差别，当它不考虑这些差别而宣告人民的每一成员都是人民主权的**平等**享有者，当它从国家的观点来观察人民现实生活的一切要素的时候，国家是以自己的方式废除了**出身**、**等级**、**文化程度**、**职业**的差别。尽管如此，国家还是让私有财产、文化程度、职业以**它们固有的**方式，即作为私有财产、作为文化程度、作为职业来**发挥作用**并表现出它们的**特殊**本质。国家根本没有废除这些**实际**差别，相反，只有以这些差别为前提，它才存在，只有同自己的这些要素处于对立的状态，它才感到自己是**政治国家**，才会实现自己的**普遍性**。因此，**黑格尔**确定的**政治国家**对宗教的关系是完全正确的，他说：

"要使国家作为精神的**认识着自身**的**伦理现实**而获得存在，就必须把国家同权威形式和信仰形式**区别开来**；但这种区别只有当教会方面在自身内部达到**分裂**的时候才会出现；**只有**这样**超越**特殊教会，国家才会获得和实现思想的**普遍性**，即自己形式的原则。"（黑格尔《法哲学〔原理〕》第2版第346页）

当然！只有这样**超越特殊**因素，国家才使自身成为普遍性。

完成了的政治国家，按其本质来说，是人的同自己物质生活**相对立**的**类生活**。这种利己生活的一切前提继续存在于国家范围**以外**，存在于**市民社会**之中，然而是作为市民社会的特性存在的。在政治国家真正形成的地方，人不仅在思想中，在意识中，而且在**现实**中，在**生活**中，都过着双重的生活——天国的生活和尘世的生活。前一种是**政治共同体**中的生活，在这个共同体中，人把自己看作**社会存在**（173）**物**；后一种是**市民社会**中的生活，在这个社会中，人作为**私人**进行活动，把他人看作工具，把自己也降为工具，并成为异己力量的玩物。政治国家对市民社会的关系，正像天国对尘世的关系一样，也是唯灵论的。政治国家和市民社会也处于同样的对立之中，它用以克服后者的方式也同宗教克服尘世局限性的方式相同，即它同样不得不重新承认市民社会，恢复市民社会，服从市民社会的统治。人在其**最直接的**现实中，在市民社会中，是尘世存在物。在这里，即在人把自己并把别人看作是现实的个人的地方，人是一种**不真实**的现象。相反，在国家中，即在人被看作是类存在物的地方，人是想像的主权中虚构的成员；在这里，他被剥夺了自己现实的个人生活，却充满了非现实的普遍性。

人作为**特殊**宗教的信徒，同自己的公民身份，同作为共同体成员的他人所发生的冲突，归结为**政治**国家和**市民社会**之间的**世俗**分裂。对于作为bourgeois［市民社会的成员］的人来说：“在国家中的生活只是一种外观，或者是违反本质和通则的一种暂时的例外。”①的确，bourgeois，像犹太人一样，只是按照诡辩始终存在于国家生活中，正像citoyen［公民］只是按照诡辩始终是犹太人或bourgeois一样。可是，这种诡辩不是个人性质的。它是**政治国家本身的诡辩**。宗教信徒和公民之间的差别，就是商人和公民、短工和公民、土地占有者和公民、**活生生的个人**和**公民**之间的差别。宗教信徒和政治人之间的矛盾，是bourgeois和citoyen之间、是市民社会的成员和他的**政治狮**（174）**皮**之间的同样的矛盾。

犹太人问题最后归结成的这种世俗冲突，政治国家对自己的前提——无论这些前提是像私有财产等等这样的物质要素，还是像教育、宗教这样的精神因素——的关系，**普遍**利**益和私人利益**之间的冲突，**政治国家**和**市民社会**之间的分裂，鲍威尔在反对这些世俗对立**在宗教上**的表现而进行论战的时候，听任它们继续存在。

"正是市民社会的基础，即保证**市民社会**的持续存在和**保障市民社会的必然性**的那种需要，使它的持续存在经常受到威胁，保持了

---

① 布·鲍威尔《现代犹太人和基督徒获得自由的能力》，见《来自瑞士的二十一印张》1843年苏黎世—温特图尔版第1卷第57页。

它的不稳固要素，产生了那种处于经常更迭中的贫穷和富有、困顿和繁荣的混合物，总之产生更迭。"（[《犹太人问题》]第8页）

请把这一段同根据黑格尔法哲学的基本要点拟作的《市民社会》整个这一章（[《犹太人问题》]第8—9页）对照一下吧！鲍威尔承认同政治国家对立的市民社会是必然的，因为他承认政治国家是必然的。

政治解放当然是一大进步；尽管它不是一般人的解放的最后形式，但**在**迄今为止的世界制度**内**，它是人的解放的最后形式。不言而喻，我们这里指的是现实的、实际的解放。

人把宗教从公法领域驱逐到私法领域中去，这样人就在**政治上**从宗教中解放出来。宗教不再是**国家**的精神，因为在国家中，人——虽然只是以有限的方式，以特殊的形式，在特殊的领域内——是作为类存在物和他人共同行动的；宗教成了**市民社会**的、利己主义领域的、**一切人反对一切人的战争**的精神。它已经不再是**共同性**的本质，而是**差别**的本质。它成了人同自己的**共同体**、同自身并同他人**分离**的表现——它**最初**就是这样的。它只不过是特殊的颠倒、**私人的奇想**和任意行为的抽象教义。例如，宗教在北美的不断分裂，使宗教**在**（175）**表面**上具有纯粹个人事务的形式。它被推到许多私人利益中去，并且被逐出作为共同体的共同体。但是，我们不要对政治解放的限度产生错觉。人分为**公人**和**私人**，宗教从国家向市民社会的**转移**，这不是政治解放的一个阶段，而是它的**完成**；因此，政治解放并没有消除人的实际的宗教笃诚，也不力求消除这种宗教笃诚。

人**分解**为犹太教徒和公民、新教徒和公民、宗教信徒和公民，这种分解不是**针对**公民身份而制造的谎言，不是对政治解放的回避，这种分解**是政治解放本身**，是使自己从宗教中解放出来的**政治**方式。当然，在政治国家作为政治国家通过暴力从市民社会内部产生的时期，在人的自我解放力求以政治自我解放的形式进行的时期，国家是能够而且必定会做到**废除宗教**、**根除**宗教的。但是，这只有通过废除私有财产、限定财产最高额、没收财产、实行累进税，通过消灭生命、通过**断头台**，才能做到。当政治生活感到特别自信的时候，它试图压制自己的前提——市民社会及其要素，使自己成为人的现实的、没有矛盾的类生活。但是，它只有同自己的生活条件发生**暴力**矛盾，只有宣布革命是**持久的**，才能做到这一点，因此，正像战争以和平告终一样，政治剧必然要以宗教、私有财产和市民社会的一切要素的恢复而告终。

的确，那种把基督教当作自己的基础、国教，因而对其他宗教抱排斥态度的所谓**基督教**国家，并不就是完成了的基督教国家，相反，**无神论**国家、**民主制**国家，即把宗教归为市民社会的其他要素的国家，才是这样的国家。那种仍旧持神学家观点、仍旧正式声明自己信奉基督教、仍旧不敢宣布自己**成为国家**的国家，在其作为国家这一**现实性**中，还没有做到以**世俗的**、**人的**形式来反映**人的**基础，而基督教是这种基础的过分的表现。所谓基督教国家只不过是**非国家**，因为通过现实的人的创作所实现的，并不是作为宗教的基督教，而只是基（176）督教的**人的**背景。

所谓基督教国家，是基督教对国家的否定，但决不是基督教的政治实现。仍然以宗教形式信奉基督教的国家，还不是以国家形式信奉基督教，因为它仍然从宗教的角度对待宗教，就是说，它不是宗教的人的基础的**真正实现**，因为它还诉诸**非现实性**，诉诸这种人的实质的**虚构**形象。所谓基督教国家，就是**不完善**的国家，而且基督教对它来说是它的不完善性的**补充**和**神圣化**。因此，宗教对基督教国家来说必然成为**手段**，基督教国家是**伪善**的国家。无论是**完成了**的国家由于国家的一般**本质**所固有的缺陷而把宗教列入自己的**前提**，还是**未完成**的国家由于自己作为有缺陷的国家的**特殊存在**所固有的缺陷而声称宗教是自己的**基础**，二者之间是有很大差别的。在后一种情况下，宗教成了**不完善的政治**。在前一种情况下，甚至完成了的**政治**具有的那种不完善性也在宗教中显露出来。所谓基督教国家需要基督教，是为了充实自己而**成为国家**。民主制国家，真正的国家则不需要宗教从政治上充实自己。确切地说，它可以撇开宗教，因为它已经用世俗方式实现了宗教的人的基础。而所谓基督教国家则相反，既从政治的角度对待宗教，又从宗教的角度对待政治。当它把国家形式降为外观时，也就同样把宗教降为外观。

为了阐明这一对立，我们来看一下鲍威尔根据对基督教日耳曼国家的观察所得出的有关基督教国家的构思。

鲍威尔说："近来有些人为了证明基督教国家的**不可能性**或**非存在**，常常论证福音书中①的一些箴言，这些箴言，[当前的]国家**不仅不遵循而且也不可能**（177）**遵循，如果国家不想使自己**[作为国家]**完全解体的话**。""但是，问题的解决并不那么容易。那么，福音书的那些箴言到底要求些什么呢？要求超自然的自我否定、服从启示的权威、背弃国家、废除世俗关系。这一切也正是基督教国家所要求和实行的。它领悟了**福音书的精神**，即使它不用福音书借以表现这种精神的那些词语来复制这种精神，那也只是因为它用种种国家形式来表现这种精神，就是说，它所用的这些形式虽然来自这个世界的国家制度，但它们经过一定要经历的宗教再生过程，已经降为单纯的外观。基督教国家是对国家的背弃，而这种背弃是利用国家形式实现的。"（第55页）

鲍威尔接着阐明，基督教国家的人民只是一种非人民，他们已经不再有自己的意志，他们的真实存在体现于他们所隶属的首脑，但首脑按其本源及本性来说是与他们相异的，

---

① 指《新约全书》中的《马太福音》《马可福音》《路加福音》《约翰福音》。

就是说,他是上帝所赐,他降临于人民面前并没有得到他们本身的帮助;这样的人民的法律并不是他们的创作,而是实际的启示;他们的元首需要在自己和本来意义上的人民即群众之间的享有特权的中介人;这些群众本身分成许多偶然形成并确定的特殊集团,这些特殊集团是按各自利益、特殊爱好和偏见区分开的,并且获准享有彼此不相往来的特权,等等(第56页)。

但是,鲍威尔自己却说:

"如果政治只应当成为宗教,那么它就不再可能是政治了,正像把刷锅洗碗的事看作宗教事务,这种事就不再可能是家务事一样。"(第108页)

但是,要知道,在基督教日耳曼国家,宗教是"家务事",就像"家务事"是宗教一样。在基督教日耳曼国家,宗教的统治就是统治的宗教。

把"福音书的精神"和"福音书的词语"分割开来,是**不信宗教的**行为。国家迫使福音书使用政治词语,即与圣灵的词语不同的词语,是亵渎行为,即使从人的眼光来看不是这样,但从它自己的宗教眼光(178)来看就是这样。应该用圣经的**字句**来反驳把基督教奉为自己的最高规范,把**圣经**奉为自己的**宪章**的国家,因为圣经的每个字都是神圣的。这个国家，像它所依靠的**人这类废物**一样，陷入了痛苦的、从宗教意识的观点来看是不可克服的矛盾：有人要它注意福音书中的一些箴言，这些箴言，国家"**不仅不遵循而且也不可能遵循，如果国家不想使自己作为国家完全解体的话**"。那么，国家究竟为什么不想使自己完全解体呢？对这个问题，它本身既不能给自己也不能给别人作出答复。由于自己**固有的意识**，正式的基督教国家是个不可实现的**应有**；这个国家知道只有通过对自身扯谎来肯定自己存在的现实性。因此，它对自身来说，始终是一个可疑的对象，一个不可靠的、有问题的对象。可见批判做得完全正确，它迫使以圣经为依据的国家陷于神志不清，连国家自己也不再知道自己是**幻想**还是**实在**，国家的**世俗**目的——宗教是这些目的的掩盖物——的卑鄙性，也同它的**宗教**意识——对这种意识来说，宗教是世界的目的——的真诚性发生了无法解决的冲突。这个国家只有成为天主教会的**警士**，才能摆脱自己的内在痛苦。面对着这种主张世俗权力机关是自己的仆从的教会，国家是无能为力的，声称自己是宗教精神的支配者的**世俗**权力机关也是无能为力的。

　　在所谓基督教国家中，实际上起作用的是**异化**，但不是**人**。惟一起作用的人，即**国王**，是同别人特别不一样的存在物，而且还是笃信宗教的存在物，同天国、同上帝直接联系着的存在物。这里占统治的关系还是**信仰的**关系。可见，宗教精神并没有真正世俗化。

但是，宗教精神也不可能**真正**世俗化，因为宗教精神本身除了是人的精神某一发展阶段的**非世俗**形式外还能是什么呢？只有当人的（179）精神的这一发展阶段——宗教精神是这一阶段的宗教表现——以其**世俗**形式出现并确立的时候，宗教精神才能实现。在**民主制**国家就出现这种情形。这种国家的基础不是基督教，而是基督教的**人的基础**。宗教仍然是这种国家的成员的理想的、非世俗的意识，因为宗教是在这种国家中实现的**人的发展阶段**的理想形式。

政治国家的成员信奉宗教，是由于个人生活和类生活之间、市民社会生活和政治生活之间的二元性；他们信奉宗教是由于人把处于自己的现实个性彼岸的国家生活当作他的真实生活；他们信奉宗教是由于宗教在这里是市民社会的精神，是人与人分离和疏远的表现。政治民主制之所以是基督教的，是因为在这里，人，不仅一个人，而且每一个**人**，是**享有主权的**，是最高的存在物，但这是具有无教养的非社会表现形式的人，是具有偶然存在形式的人，是本来样子的人，是由于我们整个社会组织而堕落了的人，丧失了自身的人，外化了的人，是受非人的关系和自然力控制的人，一句话，人还不是**现实**的类存在物。基督教的幻想、幻梦和基本要求，即人的主权——不过人是作为一种不同于现实人的、异己的存在物——在民主制中，却是感性的现实性、现代性、世俗准则。

在完成了的民主制中，宗教意识和神学意识本身之所以自认为更富有宗教意义、神学意义，这是因为从表面上看来，它没有政治意义、没有世俗目的，而只是关系到厌世情绪，只是理智有局限性的表现，只是任意和幻想的产物，这是因为它是真正彼岸的生活。在这里，基督教**实际**表现出自己包罗一切宗教的作用，因为它以基督教形式把纷繁至极的世界观汇总排列，何况它根本不向别人提出基督教的要求，只提出一般宗教而不管是什么宗教的要求（参看前面引证的博蒙的著作①）。宗教意识沉浸在大量的宗教对立和宗教多样性之中。

可见，我们已经表明，摆脱了宗教的政治解放让宗教持续存在，虽然不是享有特权的宗教。任何一种特殊宗教的信徒同自己的公民身份的矛盾，只是**政治国家和市民社会之间的普遍世俗矛盾的一部分**。基督教国家的完成，就是国家表明自己是国家，并且不理会自己成员信奉的宗教。国家从宗教中解放出来并不是现实的人从宗教中解放出来。

因此，我们不像鲍威尔那样对犹太人说，你们不从犹太教彻底解放出来，就不能在政治上得到解放。相反，我们对他们说，因为你们不用完全地、毫无异议地放弃犹太教就可

---

① 古·德·博蒙《玛丽或美国的奴隶制》1835年巴黎版第1卷第181—182、196—197和224页。

以在政治上得到解放,所以**政治解放**本身并不就是**人**的解放。如果你们犹太人本身还没作为人得到解放便想在政治上得到解放,那么这种不彻底性和矛盾就不仅仅在于你们,而且在于政治解放的**本质**和**范畴**。如果你们局限于这个范畴,那么你们也具有普遍的局限性。国家,虽然是国家,如果要对犹太人采取基督教的立场,它就要**宣讲福音**,同样,犹太人,虽然是犹太人,如果要求公民的权利,那就得**关心政治**。

但是,如果人,尽管是犹太人,能够在政治上得到解放,能够得到公民权,那么他是否能够要求并得到所谓**人权**呢?鲍威尔**否认**这一点。

"问题在于:犹太人本身,就是说,自己承认由于自己的真正本质而不得不永远同他人分开生活的犹太人,他是否能够获得**普遍人权**,并给他人以这种权(181)利呢?"

"对基督教世界来说,人权思想只是上一世纪才被发现的。这种思想不是人天生就有的,相反,只是人在同迄今培育着他的那些历史传统进行斗争中争得的。因此,人权不是自然界的赠品,也不是迄今为止的历史遗赠物,而是通过同出生的偶然性和历史上一代一代留传下来的特权的斗争赢得的奖赏。人权是教育的结果,只有争得和应该得到这种权利的人,才能享有。"

"那么犹太人是否真的能够享有这种权利呢?只要他还是犹太人,那么使他成为犹太人的那种狭隘本质就一定会压倒那种把他作为人而同别人结合起来的人的本质,一定会使他同非犹太人分隔开来。他通过这种分隔说明：使他成为犹太人的那种特殊本质是他的真正的最高的本质，人的本质应当让位于它。"

"同样，基督徒作为基督徒也不能给任何人以人权。"（[布·鲍威尔《犹太人问题》]第19、20页）

依照鲍威尔的见解，人为了能够获得普遍人权，就必须牺牲"**信仰的特权**"①。我们现在就来看看所谓人权，确切地说，看看人权的真实形式，即它们的**发现者**北美人和法国人所享有的人权的形式吧！这种人权一部分是**政治**权利，只是与别人共同行使的权利。这种权利的内容就是参加**共同体**，确切地说，就是参加**政治**共同体，**参加国家**。这些权利属于**政治自由**的范畴，属于**公民权利**的范畴；而公民权利，如上所述，决不以毫无异议地和实际地废除宗教为前提，因此也不以废除犹太教为前提。另一部分人权，即与 *droits du citoyen* [**公民权**] 不同的 *droits de l'homme* [**人权**]，有待研究。

信仰自由就属于这些权利之列，即履行任何一种礼拜的权利。**信仰的特权**或者被明确承认为一种**人权**，或者被明确承认为人权（182）之一——自由——的结果。

1791年**人权和公民权宣言**第10条："任何人都不应该因为自己的信仰，即使是宗教信仰，而遭到排斥。"1791年宪法第Ⅰ编保证

---

① 布·鲍威尔《犹太人问题》1843年不伦瑞克版第60—61页。

"每个人履行自己信守的**宗教礼拜**的自由"是人权。

1793年**人权**……**宣言**第7条把"履行礼拜的自由"列为人权。是的,关于公开表示自己的思想和见解的权利、集会权利和履行礼拜的权利,甚至这样写道:"宣布这些**权利**的必要性,是以专制政体的存在或以对它的近期记忆为前提的。"对照1795年宪法第XIV编第354条。

宾夕法尼亚宪法第9条第3款:"人人生来都有受自己信仰的驱使而敬仰上帝这种不可剥夺的**权利**,根据法律,任何人都不可能被迫违背自己的意愿去信奉、组织或维护任何一种宗教或任何一种宗教仪式。任何人的权力在任何情况下都不得干涉信仰问题或支配灵魂的力量。"

新罕布尔宪法第5、6条:"自然权利中的有些权利,按其性质来说是不能让渡的,因为它们无可替代。信仰的**权利**就是这样。"(博蒙,前引书第213、214页)

在人权这一概念中并没有宗教和人权互不相容的含义。相反,**信奉宗教**、用任何方式信奉宗教、履行自己特殊宗教的礼拜的**权利**,都被明确列入人权。**信仰的特权**是普遍的**人权**。

Droits de l'homme,**人权**,它**本身**不同于 *droits du citoyen*,**公民权**。与 *citoyen*[公民]不同的这个 *homme*[人]究竟是什么人呢?不是别人,就是**市民社会的成员**。为什么市民社会的成员称作"人",只称作"人",为什么他的权利称作**人**

权呢？我们用什么来解释这个事实呢？只有用政治国家对市民社会的关系，用政治解放的本质来解释。

首先，我们表明这样一个事实，所谓的**人权**，不同于 *droits du citoyen* 的 *Droits de l'homme*，无非是**市民社会的成员**的权利，就是说，无非是利己的人的权利、同其他人并同共同体分（183）离开来的人的权利。请看最激进的宪法，1793年的宪法的说法：

人权和公民权宣言

第2条："这些权利，等等〈自然的和不可剥夺的权利〉是：**平等、自由、安全、财产**。"

自由是什么呢？

第6条："自由是做任何不损害他人权利的事情的权利"，或者按照1791年人权宣言："自由是做任何不损害他人的事情的权利。"

这就是说，自由是可以做和可以从事任何不损害他人的事情的权利。每个人能够**不损害**他人而进行活动的界限是由法律规定的，正像两块田地之间的界限是由界桩确定的一样。这里所说的是人作为孤立的、退居于自身的单子的自由。依据鲍威尔的见解，犹太人为什么不能获得人权呢？

"只要他还是犹太人,那么使他成为犹太人的那种狭隘本质就一定会压倒那种把他作为人而同别人结合起来的人的本质,一定会使他同非犹太人分隔开来。"①

但是,自由这一人权不是建立在人与人相结合的基础上,而是相反,建立在人与人相分隔的基础上。这一权利就是这种分隔的**权利**,是**狭隘的**、局限于自身的个人的权利。

自由这一人权的实际应用就是**私有财产**这一人权。

私有财产这一人权是什么呢?

第16条(1793年宪法):"**财产**权是每个公民**任意地**享用和处理自己的财产、自己的收入即自己的劳动和勤奋所得的果实的权利。"

这就是说,私有财产这一人权是任意地(à son gré)、同他人无关地、不受社会影响地享用和处理自己的财产的权利;这一权利是自私自利的权利。这种个人自由和对这种自由的应用构成了市民社会的基础。这种自由使每个人不是把他人看作自己自由的**实现**,而是看作自己自由的**限制**。但是,这种自由首先宣布了人权是

---

① 见本卷第181页。

原著
选读

"**任意地**享用和处理自己的财产、自己的收入即自己的劳动和勤奋所得的果实。"

此外还有其他的人权：平等和安全。

平等，在这里就其非政治意义来说，无非是上述**自由**的平等，就是说，每个人都同样被看成那种独立自主的单子。1795年宪法根据这种平等的含义把它的概念规定如下：

第3条（1795年宪法）："平等是法律对一切人一视同仁，不论是予以保护还是予以惩罚。"

安全呢？

第8条（1793年宪法）："安全是社会为了维护自己每个成员的人身、权利和财产而给予他的保障。"

安全是市民社会的最高社会概念，是**警察**的概念；按照这个概念，整个社会的存在只是为了保证维护自己每个成员的人身、权利和财产。黑格尔正是在这个意义上才把市民社会称为"需要和理智的国家"。

市民社会没有借助安全这一概念而超出自己的利己主义。相反，安全是它的利己主义的**保障**。

可见，任何一种所谓的人权都没有超出利己的人，没有超出作为（185）市民社会成员的人，即没有超出作为退居于自身、退居于自己的私人利益和自己的私人任意，与共同体分隔开来的个体的人。在这些权利中，人绝对不是类存在物，相反，类生活本身，即社会，显现为诸个体的外部框架，显现为他们原有的独立性的限制。把他们连接起来的惟一纽带是自然的必然性，是需要和私人利益，是对他们的财产和他们的利己的人身的保护。

令人困惑不解的是，一个刚刚开始解放自己、扫除自己各种成员之间的一切障碍、建立政治共同体的民族，竟郑重宣布同他人以及同共同体分隔开来的利己的人是有权利的（1791年《宣言》）。后来，当只有最英勇的献身精神才能拯救民族、因而迫切需要这种献身精神的时候，当牺牲市民社会的一切利益必将提上议事日程、利己主义必将作为一种罪行受到惩罚的时候，又再一次这样明白宣告（1793年《人权……宣言》）。尤其令人困惑不解的是这样一个事实：正如我们看到的，公民身份、**政治共同体**甚至都被那些谋求政治解放的人贬低为维护这些所谓人权的一种**手段**；因此，citoyen〔公民〕被宣布为利己的homme〔人〕的奴仆；人作为社会存在物所处的领域被降到人作为单个存在物所处的领域之下；最后，不是身为citoyen〔公民〕的人，而是身为bourgeois〔市民社会的成员〕的人，被视为**本来意义上的人，真正的**人。

"一切**政治结合的目的**都是为了**维护**自然的和不可剥夺的人权。"（1791年《人权……宣言》第2条）"**政府**的设立是为了保障人享有自然的和不可剥夺的权利。"（1793年《人权……宣言》第1条）

就是说，政治生活在其热情还富有朝气而且以后由于形势所迫又走向极端的时候，就宣布自己只是一种**手段**，而这种手段的目的是市民社会生活。固然，这个政治生活的革命实践同它的理论还处于（186）极大的矛盾之中。例如，一方面，安全被宣布为人权，一方面侵犯通信秘密已公然成为风气。一方面"**不受限制的**新闻出版自由"（1793年宪法第122条）作为人权的个人自由的结果而得到保证，一方面新闻出版自由又被完全取缔，因为"新闻出版自由危及公共自由，是不许可的"（小罗伯斯比尔语，见毕舍和卢—拉维涅《法国革命议会史》第28卷第159页）。所以，这就是说，自由这一人权一旦同**政治**生活发生冲突，就不再是权利，而在理论上，政治生活只是人权、个人权利的保证，因此，它一旦同自己的**目的**即同这些人权发生矛盾，就必定被抛弃。但是，实践只是例外，理论才是通则。即使人们认为革命实践是对当时的关系采取的正确态度，下面这个谜毕竟还有待解答：为什么在谋求政治解放的人的意识中关系被本末倒置，目的好像成了手段，手段好像成了目的？他们意识上的这种错觉毕竟还是同样的谜，虽然现在已经是心理上的、理论上的谜。

这个谜是很容易解答的。

政治解放同时也是同人民相异化的国家制度即统治者的权力所依据的旧社会的**解体**。政治革命是市民社会的革命。旧社会的性质是怎样的呢？可以用一个词来表述：**封建主义**。旧的市民社会**直接**具有**政治**性质，就是说，市民生活的要素，例如，财产、家庭、劳动方式，已经以领主权、等级和同业公会的形式上升为国家生活的要素。它们以这种形式规定了单一的个体对国家整体的关系，就是说，规定了他的**政治**关系，即他同社会其他组成部分相分离和相排斥的关系。因为人民生活的这种组织没有把财产或劳动上升为社会要素，相反，却完成了它们同国家整体的**分离**，把它们建成为社会中的**特殊**社会。因此，市民社会的生活机能和生活条件还是政治的，虽然指从封建意义上讲是政治的，就是说，这些机能和条件使个体同国家整体分隔开（187）来，把他的同业公会对国家整体的**特殊**关系变成他自己对人民生活的普遍关系，使他的特定的市民活动和地位变成他的普遍的活动和地位。国家统一体，作为这种组织的结果，也像国家统一体的意识、意志和活动即普遍国家权力一样，必然表现为一个同人民相脱离的统治者及其仆从的**特殊**事务。

政治革命打倒了这种统治者的权力，把国家事务提升为人民事务，把政治国家组成为**普遍**事务，就是说，组成为现实的国家；这种革命必然要摧毁一切等级、同业公会、行帮和特权，因为这些是人民同自己的共同体相分离的众多表现。于是，政治革命**消灭了市民社会的政治性质**。它把市民社会分割为简单的组成部分：一方面是**个体**，另一方面是构成这些个体的生活内容和市民地位的**物质要素**和**精神要素**。它把似乎是被分散、分解、溶化在封建社会各个死巷里的政治精神激发出来，把政治精神从这种分散状态中汇集起来，把它从与市民生活相混合的状态中解放出来，并把它构成为共同体、人民的普遍事务的领域，在观念上不依赖于市民社会的上述**特殊**要素。**特定**的生活活动和特定的生活地位降低到只具有个体意义。它们已经不再构成个体对国家整体的普遍关系。公共事务本身反而成了每个个体的普遍事务，政治职能成了他的普遍职能。

可是，国家的唯心主义的完成同时就是市民社会的唯物主义的完成。摆脱政治桎梏同时也就是摆脱束缚住市民社会利己精神的枷锁。政治解放同时也是市民社会从政治中得到解放，甚至是从一种普遍内容的**假象**中得到解放。

封建社会已经瓦解，只剩下了自己的基础——**人**，但这是作为它的真正基础的人，即**利己的**人。

因此，这种**人**，市民社会的成员，是**政治**国家的基础、前提。他就（188）是国家通过人权予以承认的人。

但是，利己的人的自由和承认这种自由，更确切地说，是承认构成他的生活内容的那些精神要素和物质要素的**不可**

阻挡的运动。

因此，人没有摆脱宗教，他取得了信仰宗教的自由。他没有摆脱财产。他取得了占有财产的自由。他没有摆脱行业的利己主义，他取得了行业的自由。

政治国家的建立和市民社会分解为独立的**个体**——这些个体的关系通过**法制**表现出来，正像等级制度中和行帮制度中的人的关系通过**特权**表现出来一样——是通过**同一种行为**实现的。但是，人，作为市民社会的成员，即**非政治的**人，必然表现为**自然人**。Droits de l'homme［人权］表现为 droits naturels［自然权利］，因为**有自我意识的活动集中于政治行为**。**利己的**人是解体社会的**被动的**、只是**现成**的结果，是有**直接确定性**的对象，因而也是**自然**的对象。**政治革命**把市民生活分解成几个组成部分，但没有**变革**这些组成部分本身，没有加以批判。它把市民社会，也就是把需要、劳动、私人利益和私人权利等领域看作**自己持续存在的基础**，看作无须进一步论证的**前提**，从而看作自己的**自然基础**。最后，人，正像他是市民社会的成员一样，被认为是**本来意义上的人**，与 citoyen［公民］不同的 homme［人］，因为他是具有感性的、单个的、**直接**存在的人，而**政治**人只是抽象的、人为的人，**寓意的人**、法人。现实的人只有以**利己**的个体形式出现才可予以承认，**真正**的人只有以**抽象的** citoyen［公民］形式出现才可予以承认。

可见卢梭关于政治人这一抽象概念论述得很对：

"敢于为一国人民确立制度的人，可以说必须自己感到有能力**改变人的本性**，把每个本身是完善的、单独的整体的个体**变成**一个更大的整体的**一部分**（189）——这个个体以一定的方式从这个整体获得自己的生命和存在——，有能力用**局部的道德存在**代替肉体的独立存在。他必须去掉**人自身固有的力量**，才能赋予人一种异己的、非由别人协助便不能使用的力量。"（《社会契约论》1782年伦敦版第2卷第67页）①

任何解放都是使人的世界和人的关系**回归于人自身**。

政治解放一方面把人归结为市民社会的成员，归结为**利己的**、**独立的**个体，另一方面把人归结为**公民**，归结为法人。

只有当现实的个人把抽象的公民复归于自身，并且作为个人，在自己的经验生活、自己的个体劳动、自己的个体关系中间，成为**类存在物**的时候，只有当人认识到自身"**固有的力量**"是社会力量，并把这种力量组织起来因而不再把社会力量以**政治**力量的形式同自身分离的时候，只有到了那个时候，人的解放才能完成。

---

① 马克思《法国、威尼斯和波兰历史摘记及国家理论著作的摘要》(《马克思恩格斯全集》1981年历史考证版第4部分第2卷第96页)。

二

布鲁诺·鲍威尔:《现代犹太人和基督徒获得自由的能力》

(《二十一印张》第56—71页)

鲍威尔在这个标题下探访了**犹太教和基督教**的关系,以及它们对批判的关系。它们对批判的关系是它们"对获得自由的能力"的关系。

结论是:

(190)"基督徒只要跨越一个台阶,即跨越自己的宗教,就可以完全废除①宗教",因而就可以获得自由,"相反,犹太人不仅要屏弃自己的犹太本质.而且要屏弃自己宗教的趋于完成的发展,即屏弃自己宗教的那种始终与自己相异的发展。"(第71页)

可见,鲍威尔在这里把犹太人的解放问题变成了纯粹的宗教问题。谁更有希望得救,是犹太人还是基督徒?这个神学上的疑虑问题,在这里以启蒙的形式再现:他们中间**谁更有能力获得解放**?的确,已经不再是这样提问:使人获得自由的,是犹太教还是基督教?而是相反:什么使人更加自由,

---

① 鲍威尔的文章中是:"aufgeben"(放弃)。

原著
选读

是对犹太教的否定还是对基督教的否定？

"如果犹太人想要获得自由，那么他们不应该信奉基督教，而应该信奉解体了的基督教，信奉解体了的宗教，即信奉启蒙、批判及其结果——自由的人性。"（第70页）

这里谈的还是关于犹太人应该**有所信奉**，但信奉的不再是基督教．而是解体了的基督教。

鲍威尔要求犹太人屏弃基督教的本质，正像他自己所说的，这个要求不是从犹太本质的发展中产生的。

鲍威尔在《犹太人问题》的结尾处认为犹太教只是对基督教的粗陋的宗教批判，因而从犹太教找到的"仅仅"是宗教意义。既然如此，不难预见，犹太人的解放在他笔下也会变成哲学兼神学的行动。①

鲍威尔把犹太人的**理想**的抽象本质，即他的**宗教**，看作他的**全部**（191）本质。因此，他有理由做出这样的结论：

"如果犹太教徒轻视自己的狭隘戒律"，如果他废除自己的整个犹太教，"那就不会对人类有任何贡献"（第65页）。

照此说来，犹太人和基督徒的关系是这样的：基督徒对

---

① 布·鲍威尔《犹太人问题》1843年不伦瑞克版第114—115页。

犹太人的解放的惟一兴趣，是一般的人的兴趣、**理论的**兴趣。犹太教在基督徒的宗教眼光中是个侮辱性的事实。一旦基督徒的眼光不再是宗教的，这个事实也就不再是侮辱性的了。犹太人的解放本身不是基督徒要做的事情。

相反，犹太人要想解放自身，不仅要做完自己的事情，而且要做完基督徒的事情，学完《符类福音作者的福音故事考证》、《耶稣传》，等等。

"他们自己可以看到：他们自己将决定自己的命运；但历史是不让人嘲弄自己的。"（第71页）

我们现在试着突破对问题的神学提法。在我们看来，犹太人获得解放的能力问题，变成了必须克服什么样的特殊**社会**要素才能废除犹太教的问题。因为现代犹太人获得解放的能力就是犹太教和现代世界解放的关系。这种关系是由于犹太教在现代被奴役的世界中的特殊地位而必然产生的。

现在我们来观察一下现实的世俗犹太人，但不是像鲍威尔那样，观察**安息日的犹太人**，而是观察**日常的犹太人**。

我们不是到犹太人的宗教里去寻找犹太人的秘密，而是到现实的犹太人里去寻找他的宗教的秘密。

犹太教的世俗基础是什么呢？**实际需要，自私自利**。

犹太人的世俗礼拜是什么呢？**做生意**。他们的世俗的神

原著
选读

是什么呢？**金钱**。

（192）那好吧！从**做生意**和**金钱**中解放出来——因而从实际的、实在的犹太教中解放出来——就会是现代的自我解放了。

如果有一种社会组织消除了做生意的前提，从而消除做生意的可能性，那么这种社会组织也就会使犹太人不可能存在。他的宗教意识就会像淡淡的烟雾一样，在社会这一现实的、生命所需的空气中自行消失。另一方面，如果犹太人承认自己这个**实际**本质毫无价值，并为消除它而工作，那么他就会从自己以前的发展中解脱出来，直接为**人的解放**工作，并转而反对人的自我异化的**最高实际**表现。

总之，我们在犹太教中看到普遍的**现代的反社会**的要素，而这种要素，经由有犹太人在这一坏的方面热心参与的历史发展，达到自己目前这样的高度，即达到它必然解体的高度。

犹太人的解放，就其终极意义来说，就是人类从**犹太精神**[①]中得到解放。

犹太人已经用犹太人的方式解放了自己。

"例如在维也纳只不过是被人宽容的犹太人，凭自己的金钱势力

---

① 马克思指的是人类从做生意、从金钱势力下解放出来。马克思这里说的"犹太精神"，德文是 Judentum，该词由 Jude 构成。Jude 一词除了"犹太人""犹太教徒"这个基本含义外，还有"高利贷者""惟利是图者"的意思。

决定着整个帝国的命运。在德国一个最小的邦中可能是毫无权利的犹太人，决定着欧洲的命运。各种同业公会和行会虽然不接纳犹太人，或者仍然不同情他们，工业的大胆精神却在嘲笑这些中世纪设制的固执。"（鲍威尔《犹太人问题》第114页）

这并不是个别的事实。犹太人用犹太人的方式解放了自己，不（193）仅因为他掌握了金钱势力，而且因为**金钱**通过犹太人或者其他的人而成了世界势力，犹太人的实际精神成了基督教各国人民的实际精神。基督徒在多大程度上成为犹太人，犹太人就在多大程度上解放了自己。

例如，汉密尔顿上校说：

"新英格兰的虔诚的和政治上自由的居民，是类似**拉奥孔**那样的人，拉奥孔没有作出最起码的努力去挣脱缠住他的两条蛇。**玛门**是他们的偶像，他们不仅口头上，而且整个身心都崇拜它。在他们的眼里，尘世无非是个交易所，而且他们确信，在这尘世间，他们除了要比自己邻居富有而外，没有别的使命。做生意占据了他们的全部思想，变换所经营的货品，是他们惟一的休息。他们在旅行的时候，也要背上，比如说，自己的货物或柜台，而且所谈的不是利息就是利润。即使他们一时没考虑自己的生意，那也只是为了要探听一下别人的生意做得怎样。"①

的确，在北美，犹太精神对基督教世界的实际统治已经达到明确的、正常的表现：**布讲福音**本身，基督教的教职，都变成了商品，破产的商人讲起了福音，富起来的福音传教士做起了买卖。

"你看到的那位主持体面的布道集会的人，起初是个商人，经商失败以后他才成了神职人员。另一个人，起初担任神职，但当他手里有了些钱，他就离开布道台而去经商。在大多数人的眼里，神职真是一个赚钱的行业。"（博蒙，上引书第185、186页）

鲍威尔认为，

（194）"这种情况是虚假的：在理论上不给予犹太人以政治权利，实际上他却有很大的权力，而且在很大的范围内显示自己的政治影响，虽然这种影响在一些细节上被削减了。"（《犹太人问题》第114页）

---

① 托·汉密尔顿《美国人和美国风俗习惯》1834年曼海姆版第1卷第109—110页。并见马克思《德国史和美国史摘记以及国家史、宪法史著作摘要》(《马克思恩格斯全集》1981年历史考证版第4部分第2卷第267页)。

犹太人的实际政治权力同他的政治权利之间的矛盾，就是政治同金钱势力之间的矛盾。虽然在观念上，政治凌驾于金钱势力之上，其实前者是后者的奴隶。

犹太教之所以能保持与基督教**同时**存在，不仅因为它是对基督教的宗教批判，不仅因为它体现了对基督教的宗教起源的怀疑，而且因为犹太人的实际精神——犹太精神——在基督教社会本身中保持了自己的地位，甚至得到高度的发展。犹太人作为市民社会的特殊成员，只是市民社会的犹太精神的特殊表现。

犹太精神不是违反历史，而是通过历史保持下来的。

市民社会从自己的内部不断产生犹太人。

犹太宗教的基础本身是什么呢？实际需要，利己主义。

因此，犹太人的一神教，在其现实性上是许多需要的多神教，一种连厕所也成为神律的对象的多神教。**实际需要**、**利己主义**是**市民社会**的原则；只要市民社会完全从自身产生出政治国家，这个原则就赤裸裸地显现出来。**实际需要**和**自私自利**的神就是**金钱**。

金钱是以色列人的妒忌之神；在他面前，一切神都要退位。金钱贬低了人所崇奉的一切神，并把一切神都变成商品。金钱是一切事物的普遍的、独立自在的价值。因此它剥夺了整个世界——人的世界和自然界——固有的价值。金钱是人的劳动和人的存在的同人相异化的本质；这种异己的本质统治了人，而人则向它顶礼膜拜。

犹太人的神世俗化了，它成了世界的神。票据是犹太人的现实的神。犹太人的神只是幻想的票据。

（195）在私有财产和金钱的统治下形成的自然观，是对自然界的真正的蔑视和实际的贬低。在犹太宗教中，自然界虽然存在，但只是存在于想像中。

托马斯·闵采尔正是在这个意义上认为下述情况是不能容忍的：

"一切生灵，水里的鱼，天空的鸟，地上的植物，都成了财产；但是，生灵也应该获得自由。"[①]

抽象地存在于犹太宗教中的那种对于理论、艺术、历史的蔑视和对于作为自我目的的人的蔑视，是财迷的**现实的**、**自觉的**看法和品行。就连类关系本身、男女关系等等也成了买卖对象！妇女也被买卖。

犹太人的**想像中的**民族是商人的民族，一般地说，是财迷的民族。

[①] 托·闵采尔《为反驳维滕贝格的不信神、生活安逸、以歪曲方式剽窃圣经从而使可怜的基督教惨遭玷污的人而作的立论充分的抗辩和答复》1524年纽伦堡版。马克思的引文援自莱·兰克《宗教改革时期的德国史》1839年柏林版第2卷第207页。并见马克思《法国、德国、英国和瑞典历史摘记》(《马克思恩格斯全集》1981年历史考证版第4部分第2卷第175页)。

犹太人的毫无根基的法律只是一幅对毫无根基的道德和对整个法的宗教讽刺画，只是对自私自利的世界采用的那种徒具**形式的**礼拜的宗教讽刺画。

在这个自私自利的世界，人的最高关系也是**法定的**关系，是人对法律的关系，这些法律之所以对人有效，并非因为它们是体现人本身的意志和本质的法律，而因为它们**起统治作用**，因为违反它们就会**受到惩罚**。

（196）犹太人的狡猾手法，即鲍威尔在塔木德中发现的那种实际的狡猾手法，就是自私自利的世界对统治着它的法律之间的关系，狡猾地规避这些法律是这个世界的主要伎俩。①

的确，这个世界在它这些法律的范围内的运动，必然是法律的不断废除。

犹太精神不可能作为**宗教**继续发展，即不可能在理论上继续发展，因为实际需要的世界观，按其本性来说是狭隘的，很快就会穷尽。

实际需要的宗教，按其本质来说不可能在理论上完成，而是只能在**实践**中完成，因为实践才是它的真理。

犹太精神不可能创造任何新的世界，它只能把新的世间

---

① 布·鲍威尔《犹太人问题》1843年不伦瑞克版第24—30页；《现代犹太人和基督徒获得自由的能力》，见《来自瑞士的二十一印张》1843年苏黎世—温特图尔版第60—62页。

创造物和世间关系吸引到自己的活动范围内，因为以自私自利为明智的实际需要是被动的，不能任意扩大，而是**随着**社会状况的进一步发展而扩大。

犹太精神随着市民社会的完成而达到自己的顶点；但是市民社会只有在**基督教**世界才能完成。基督教把一切民族的、自然的、伦理的、理论的关系变成对人来说是**外在**的东西，因此只有在基督教的统治下，市民社会才能完全从国家生活分离出来，扯断人的一切类联系，代之以利己主义和自私自利的需要，使人的世界分解为原子式的相互敌对的个人的世界。

基督教起源于犹太教，又还原为犹太教。

基督徒起初是理论化的犹太人，因此，犹太人是实际的基督徒，（197）而实际的基督徒又成了犹太人。

基督教只是表面上制服了实在的犹太教。基督教太**高尚**了，太唯灵论了，因此要消除实际需要的粗陋性，只有使它升天了。

基督教是犹太教的思想升华，犹太教是基督教的鄙俗的功利应用，但这种应用只有在基督教作为完善的宗教从**理论上**完成了人从自身、从自然界的自我异化之后，才能成为普遍的。

只有这样，犹太教才能实现普遍的统治、才能把外化了的人、外化了的自然界，变成**可让渡的**、可出售的、屈从于利己的需要、听任买卖的对象。

让渡是外化的实践。正像一个受宗教束缚的人,只有使自己的本质成为**异己的**幻想的本质,才能把这种本质对象化,同样,在利己的需要的统治下,人只有使自己的产品和自己的活动处于异己本质的支配之下,使其具有异己本质——金钱——的作用,才能实际进行活动,才能实际生产出物品。

基督徒的天堂幸福的利己主义,通过自己完成了的实践,必然要变成犹太人的肉体的利己主义,天国的需要必然要变成尘世的需要,主观主义必然要变成自私自利。我们不是用犹太宗教来说明犹太人的顽强性. 而是相反,用犹太宗教的人的基础、实际需要、利己主义来说明这种顽强性。

既然犹太人的真正本质在市民社会得到普遍的实现、普遍的世俗化,所以市民社会不能使犹太人相信他的**宗教**本质——这种本质只是实际需要在观念中的表现——的**非现实性**。因此,不仅在摩西五经或塔木德中,而且在现代社会中,我们都看到现代犹太人的本质不是抽象本质,而是高度的经验本质,它不仅是犹太人的狭隘性,而且是社会的犹太人狭隘性。

(198)社会一旦消除了犹太精神的**经验**本质,即做生意及其前提,犹太人就**不可能**存在,因为他的意识将不再有对象,因为犹太精神的主观基础即实际需要将会人化,因为人的个体感性存在和类存在的矛盾将被消除。

犹太人的社会解放就是社会从犹太精神中获得解放。

卡·马克思写于1843年10月中—12月中
载于1844年《德法年鉴》

原文是德文
中文根据《马克思恩格斯全集》1982年历史考证版第1部分第2卷翻译